संगीतश्रीकृष्णरामायण गीतमाला के
कुछ गीने-चुने खास गीत

सुर-तालिका के साथ

Selected Gita Mala Songs
with Notation Charts

Song Writer
Ratnakar Narale

Editor : Dr. Ratnakar Narale, Prof. Hindī, Ryerson University, Toronto.
B. Sc. (Nagpur), M. Sc. (Pune), Ph. D. (IIT, Kharagpur), Ph. D. (Kālīdas Sanskrit Univ. Nagpur);
web : www.books-india.com * email : books.india.books@gmail.com

Book Title : संगीत-श्रीकृष्ण-रामायण गीतमाला के गिने चुने पुष्प
Sangīt-Shrī-Krishṇa-Rāmāyaṇ
Gitamala ke Gine-Chune Pushpa
संगीत-श्रीकृष्णायन तथा संगीत-श्रीरामायण के अंतर्गत गीतमाला के लिये रत्नाकर नराले लिखित नये गिने-चुने गानों का देव बंसराज रचित सुर तालिका के साथ सुंदर संग्रह. संगीत सीखने एवं सिखाले के लिए मनोरंजक, स्फूर्तिदायक और भक्तिपूर्ण साधन.

Published by : PUSTAK BHARATI (Books India),
Division of PC Plus Ltd.
for Sanskrit Hindi Research Institute,
Toronto, Ontario, Canada, M2R 3E4.

Copyright © July 03, 2017
ISBN 978-1-897416-02-0

© All rights reserved. No part of this book may be copied, reproduced or utilised in any manner or by any means, computerised, e-mail, scanning, photocopying or by recording in any information storage and retrieval system, without the permission in writing from the Publisher.

Sangit Shri-Krishna-Ramayan Songs written *by Ratnakar Narale*

Sangit-Shri-Krishna-Ramayan Songs Index

Song	Group		Subject	Page
	वंदना	:	संस्कृत वाणी	7
	वंदना	:	हिंदी वाणी	7
	वंदना	:	मराठी वाणी	8
	वंदना	:	भारत	9
	वंदना	:	महाराष्ट्र	10
	वंदना	:	आई-बाबा	11
पुष्प 2	वंदना	: राग यमन	गणेश	12
पुष्प 4	वंदना	: राग खमाज	गणपति	12
पुष्प 6	वंदना	: राग भैरवी, रूपक ताल	सरस्वती	13
पुष्प 11	वंदना	: राग भैरवी, कहरवा ताल	गुरु	15
पुष्प 13	भजन	: राग मिश्र	श्री राम	16
पुष्प 15	भजन	: राग बिलावल	सियापति	17
पुष्प 21	आरती	: राग खमाज	बजरंग बली	18
पुष्प 43	गज़ल	: कहरवा ताल	राह में घनश्याम तेरी	19
पुष्प 46	वंदना	: राग बिहाग	लक्ष्मी	20
पुष्प 47	वंदना	: राग यमन	लक्ष्मी	21
पुष्प 60	भजन	: राग भैरवी, कहरवा ताल	प्रभु जी	22
पुष्प 76	कीर्तन	: राग भैरवी, कहरवा ताल	कृष्ण कन्हैया	24
पुष्प 81	गीत	: राग खमाज , तीन ताल	परंपरा	25
पुष्प 91	गीत	: कहरवा ताल	नंदकिशोर	26
पुष्प 100	भजन	: राग मिश्र, तीन ताल	श्यामसुंदर	27
पुष्प 106	कीर्तन	: कहरवा ताल	श्याम सलोना	28
पुष्प 120	गीत	: राग काफी, कहरवा ताल	होली	29
पुष्प 121	होरी	: राग होरी खमाज, ताल धमार	कान्हा	30
पुष्प 122	होरी	: दीपचंदी ताल	किशन मुरारि	30
पुष्प 125	खयाल	: राग वृंदावनी सारंग	राधा	32
पुष्प 143	वंदना	: राग देस, कहरवा ताल	सरस्वती	33
पुष्प 145	भजन	: राग काफी	कृष्ण जनमदिन	34
पुष्प 146	खयाल	: राग वृदावनी सारंग	राधा	35
पुष्प 147	गीत	: राग मालकौंस : तीन ताल	रास	36
पुष्प 149	गीत	: राग मालकौंस	राधा-कृष्ण	37
पुष्प 152	खयाल	: राग भैरवी, तीन ताल	राधा	38
पुष्प 154	खयाल	: राग तोड़ी, तीन ताल	बरसे रंग	39
पुष्प 158	गीत	: राग, खमाज	राधा दीवानी	40
पुष्प 161	धृपद	: चौताल, राग तिलक कामोद	रास	41
पुष्प 177-A	भजन	: भैरवी, कहरवा ताल	गोवर्धन	42
पुष्प 185	गीत	: राग, आसावरी	मुरली वाला	43

3

पुष्प 188	भजन	: राग केदार, तीन ताल	राधा	44
पुष्प 198	गीत	: राग भीमपलासी	कन्हैया	45
पुष्प 210	भजन	: राग आसावरी	बलराम सुदामा	46
पुष्प 211	भजन	: राग मालकंस, कहरवा ताल	कृष्ण सुदामा	47
पुष्प 214	भजन	: राग भैरवी, कहरवा ताल	वसुधैव कुटुंबकम्	48
पुष्प 218	वंदना	: राग यमन कल्याण, कहरवा	सरस्वती	50
पुष्प 220	वंदना	: राग यमन, कहरवा ताल	योगेश्वर	50
पुष्प 225	खयाल	: राग शंकरा, झपताल	माँ शारदा	51
पुष्प 248	भजन	: राग तिलंग, कहरवा	शंभु शिवम्	52
पुष्प 253	कीर्तन	: राग खमाज, कहरवा ताल	कृष्ण	53
पुष्प 277	कीर्तन	: राग भैरवी, कहरवा ताल	नम: शिवाय	54
पुष्प 284	खयाल	: राग पूरिया, तीन ताल	भव नैया	56
पुष्प 288	आरती	: कहरवा ताल 8 मात्रा	राम कृष्ण शिव	57
पुष्प 303	खयाल	: राग बिहाग, तीन ताल	बिरहा	58
पुष्प 305	भजन	: राग दरबारी कान्हड़ा	सच्चिदानंद	59
पुष्प 313	भजन	: राग दुर्गा, कहरवा ताल	दुर्गे माँ	60
पुष्प 318	भजन	: राग वृंदावनी सारंग	नंद किशोर	61
पुष्प 320	खयाल	: राग भैरव, तीन ताल	जै महेश	62
पुष्प 327	कीर्तन	: कहरवा ताल	महादेव पार्वती	63
पुष्प 334	खयाल	: राग बहार, एक ताल	बसंत	64
पुष्प 338	वंदना	: राग अहीर भैरव	शिवजी	66
पुष्प 346	कीर्तन	: कहरवा ताल	मुकुंद माधव	67
पुष्प 352	कीर्तन	: कहरवा ताल	शिव ओम् हरि ओम्	68
पुष्प 362	भजन	: राग काफी	शिव पार्वती गणेश	69
पुष्प 370	भजन	: कहरवा ताल	अंबे माँ	71
पुष्प 375	कीर्तन	: कहरवा ताल	गणपति	72
पुष्प 388	कीर्तन	: कहरवा ताल	लक्ष्मी-नारायण	73
पुष्प 398	भजन	: राग भूपाली, कहरवा ताल	राम सुमिरण	74
पुष्प 420	गीत	: कहरवा ताल	लव-कुश	74
पुष्प 427	खयाल	: राग शंकरा, झपताल	नील कण्ठ	75
पुष्प 429	खयाल	: राग दुर्गा, तीन ताल	बिरहा	77
पुष्प 435	वंदना	: राग पूरिया धनाश्री	सरस्वती	78
पुष्प 446	ध्रुपद	: कहरवा ताल	शिवगौरी	79
पुष्प 450	वंदना	: राग खमाज, दादरा ताल	वाल्मीकि	80
पुष्प 479	कजरी	: कहरवा ताल	सावन	81
पुष्प 480	ठुमरी	: कहरवा ताल	सावन	83
पुष्प 481	खयाल	: राग गौड़ मल्हार, तीन ताल	सावन	84
पुष्प 482	गीत	: राग भीमपलासी	सावन	85
पुष्प 484	खयाल	: राग भूपाली, तीन ताल	सावन	86
पुष्प 485	खयाल	: राग बसंत, कहरवा ताल	बसंत	87

पुष्प 518	वंदना	: राग तोड़ी, कहरवा ताल	शिव शंभो	88
पुष्प 519	खयाल	: बागेश्री, तीन ताल	सीता	89
पुष्प 526	खयाल	: राग अल्हैया बिलावल	भरत	90
पुष्प 530	भजन	: राग केदार, कहरवा ताल	सीता	91
पुष्प 531	खयाल	: राग तिलंग, तीन ताल	सीता	92
पुष्प 532	खयाल	: राग आसावरी, तीन ताल	सीता	93
पुष्प 533	खयाल	: राग भैरव	सिया	94
पुष्प 538	गीत	: राग, केदार	सीता	95
पुष्प 539	चैती	: दीपचंदी ताल	रामायण चौपाई -1	96
पुष्प 545	भजन	: दादरा ताल	गंगा मैया	97
पुष्प 564	गीत	: कहरवा ताल	अंबे माँ	98
पुष्प 565	भजन	: कहरवा ताल	दत्तात्रय	99
पुष्प 567	भजन	: राग बिलावल	रामायण चौपाई - 2	100
पुष्प 583	गीत	: राग बागेश्री, कहरवा ताल	पंचवटी	102
पुष्प 585	खयाल	: राग मालकंस	सावन	103
पुष्प 586	राग	: भिन्न षड्ज, तीन ताल	सावन	104
पुष्प 593	खयाल	: राग जौनपुरी, तीन ताल	कांचन मृग	105
पुष्प 601	भजन	: राग तिलक कामोद	सीता हरण	106
पुष्प 613	कीर्तन	: कहरव ताल	देवाय लंबोदराय	107
पुष्प 618	खयाल	: राग हमीर, तीन ताल	सीता	108
पुष्प 626	भजन	: राग बहार, कहरवा ताल	शबरी	109
पुष्प 632	तराना	: कहरवा ताल	तूम तन नन नन दीम्	110
पुष्प 633	तराना	: राग जौनपुरी, तीन ताल	दिर् दिर् तन नन तन	111
पुष्प 652	भजन	: राग काफी – तीन ताल	सीता	112
पुष्प 658	भजन	: राग पीलू	सीता-बिरहा	113
पुष्प 664	भजन	: राग दुर्गा, दादरा ताल	राम नाम	114
पुष्प 665	भक्तिगीत	: राग भैरवी, तीव्र ताल	हनुमान	115
पुष्प 671	गीत	: कहरवा ताल	लंका दहन	116
पुष्प 678	खयाल	: राग देस – तीन ताल	विभीषण	117
पुष्प 691	कीर्तन	: कहरवा ताल	हनुमान्	118
पुष्प 709	खयाल	: राग मारवा, तीन ताल	रघुपति राघव	119
पुष्प 725	भजन	: कहरवा ताल	दीवाली गीत	120
पुष्प 741	खयाल	: राग दरबारी कान्हड़ा	शिव-गौरी	121
पुष्प 742	तराना	: राग गालकंरा, तीन ताल	ना दिर् दिर् तूम तारे दीम	123
पुष्प 746	भजन	: राग खमाज, कहरवा ताल	रामायण	124
पुष्प 750	खयाल	: राग तोड़ी, तीन ताल	मीरा	125
पुष्प 759	आरती	: राग मालकंस	सत्यनारायण	125
पुष्प 763	भजन	: राग दरबारी तीन ताल	प्रभु बिना	126
पुष्प 295	भजन	: योग	नाम इसी का योग	127
पुष्प 298	भजन	: योग:	विद्धि त्वं एतद्धि योगम्	128

भजन : राग रत्नाकर, कहरवा ताल 8 मात्रा

(प्रभु जी किसमें रहते तुम)

स्थायी

प्रभु जी! किसमें रहते तुम, बताओ श्रवण प्यासे हम ।
प्रभोः भोः! कुत्र तिष्ठसि त्वं, वदतु मां, ज्ञातुमिच्छामि ।।
♫ मगम रे-! धपम गगम प-, सांनिधप- मगरे ग-म- रे- ।
सानि़सा रे-! प-म ग-रेग म-, पमग रे-, प-मग-रे- सा- ।।

अंतरा-1

जहाँ पर नाद ब्रह्मा का, जहाँ पर राग सरगम का ।
वहाँ पर स्थान है मेरा, अरे! मैं, "तत्र तिष्ठामि" ।।
♫ धप- मग- रे-ग म-ग- प-, मग- रेरे- ग-म पपमग रे- ।
सानि़ सासा- म-ग रे- ग-म-, निध-! प-, "ग-ग म-रे-सा-" ।।

अंतरा-2

जहाँ पर है दिलों में गम, जहाँ पर बेदिली है कम ।
वहाँ पर वास है मेरा, सुनो! मैं, "तत्र विष्ठामि" ।।

अंतरा-3

जहाँ पर पाप का नहीं दम, जहाँ पर पुण्य है हरदम ।
वहाँ आधार है मेरा, सखे! मैं, "भद्ररक्षामि" ।।

अंतरा-4

कहीं ना धाम है ऐसा, कोई ना नाम है ऐसा ।
जहाँ ना वास है मेरा, सदा "सर्वत्र गच्छामि" ।।

संस्कृतवाणी वंदना

अष्टकम्

♬ ग-ग-ग गगरे- म-ग- प-प- म-म-मग-पम- ।
रे-रे-रेप- म ग-रे- सा, रे-गम-प- म ग- रेसा- ।।

सर्वासु मधुरा दिव्या, रम्या गीर्वाणभारती ।
सर्वोत्तमा च श्रेष्ठा च, देववाणी च या मता ।। 1

देशवैदेशिकानां च भाषाणां जननी शुभा ।
दोषविकारशून्या सा व्याकरणसुमंडिता ।। 2

गिरा समाधिमास्थाय साक्षात्कृता महर्षिभिः ।
आशासिता गणेशेन गीर्देव्या विश्वकर्मणा ।। 3

ज्ञानविज्ञानसंयुक्ता छंदस्सङ्गीतसंयुता ।
गेया ज्ञेया च स्मर्तव्या, वन्द्या हृद्या मनोरमा ।। 4

न कठिना न क्लिष्टा च ना न्यूना नाऽनियंत्रिता ।
सुरसा च सुबोधा च ललिता सरला तथा ।। 5

अमृता मञ्जुला पुण्या मनोज्ञा विश्ववन्दिता ।
गीता वेदेषु शास्त्रेषु रामायणे च भारते ।। 6

विरचिता गणेशेन सरस्वत्या च निर्मिता ।
वाल्मीकिना च व्यासेन, कालिदासेन गुम्फिता ।। 7

कवितागीतपद्यैश्च चरित्रं रामकृष्णयोः ।
रत्नाकरेण वृत्तेषु छन्दोरागेषु प्रस्तुतम् ।। 8

संगीतश्रीकृष्णरामायण गीतमाला, पुष्प 9 of 763

(राष्ट्रभाषा हिन्दी)

स्थायी

वाणी सरस्वती की, है देन गणपति की ।
उज्ज्वल ये संस्कृति की, हिन्दी है राष्ट्रभाषा ।। हिन्दी है॰

♬ रे-रे- मप-मग- रे-, म प-ध पपमग- म- ।
नि-ध- प मगरे- म-, ध-प- म ग-मरेग- ।।

अंतरा-1

सुनने में है लुभानी, गाने में है सुहानी ।
सबसे मधुर ये जानी, ब्रह्मा इसे तराशा ।। हिन्दी है॰

♫ निनिध- प म- पध-प-, सां-नि- ध प- धपम- ।
रेरेरे- गप- म ग-म-, ध-प- मग- मरेग- ।। ध-प-

अंतरा-2

संस्कृत की ये सुता है, ऊर्दू की ये मीता है ।
मंगल सुसंगीता है, सुंदर ये हिन्दी भाषा ।। हिन्दी है०

अंतरा-3

हिन्दी ये वो जुबाँ है, जिस पर सभी लुभाँ हैं ।
दुनिया का हर सूबा ही, हिन्दी का है निबासा ।। हिन्दी है०

अंतरा-4

मनहर गुलों की क्यारी, बोली सभी से न्यारी ।
हिन्दी है सबको प्यारी, चाहे जो हो लिबासा ।। हिन्दी है०

मातृभाषा मराठी वन्दना

रुपक ताल 7 + 7, 7 + 7 मात्रा
(चाल : गीत 6 प्रमाणे)

श्लोक

वाणी सरस्वती माता, विद्यादेवी च ती तथा ।
स्वरदा वरदा च ती देवी, शारदा तीच भारती ।।

स्थायी

वाणी मराठी गोड ही, ज्ञानी कवि जन बोलती ।
देवी सरस्वती ने दिली, उज्ज्वळ मराठी संस्कृति ।। वा०
♫ प-निधनि पग-गुसा म-प म-, सा-म- पध- रेंसां धनिपध - ।
प-निधनि पग-गुसा म- प म-, सा-मम पध-रेंसां धनिपध - ।। सा-

अंतरा

1. संस्कृत सुमंगल माउली, देवाधिकांची नागरी ।
ज्ञानेश्वरी ची वैखरी, वरदान देतो गणपति ।।
♫ सां-सांसां सांनिसांधनि सांरेंगंरेंगं-, गंमंगंरें-गंसांनिधनि गंरेंगंरेंसां- ।
सां-निधनिपग- ग सा म-पम-, सासाम-प ध-निसां रेंरेंनिपग ।। सा-
2. शिवबा तुकोबा सुत जिचे, कन्या जानाबाई जिची ।
रक्षक मराठे वीर हे, बोली मराठी धन्य ती ।।
3. श्रृंगारमय वाङ्मय जिचे, उच्चार अमृत-पय खरे ।
भाषा मराठी आमुची, ही गौरवान्वित भारती ।।
4. मधुर न वाचा आणखी, ऐसी जगी कीर्ति तुझी ।
टेकोनि मस्तक भक्ति ने, अर्पण तुला ही आरती ।।

(भारत राष्ट्र गौरव गीत)

स्थायी

कर्मभूमि ये भारत हमारा, सारी दुनिया में हमको है प्यारा ।
इसका इतिहास सुंदर नियारा, दिव्य भारत हमारा जियारा ।।

♪ म-गम-म- म प-म- गम-प-, मप धधध- नि सां-नि- ध प-म- ।
म-प धधध-ध नि-ध- पम-प-, म-प ध-ध- सांनि-ध- धप-म- ।।

अंतरा-1

इसकी धरती है सोने की माटी, इसके सिर पर हिमालय की चोटी ।
इसकी नदियाँ हैं अमृत की धारा, इसके पग में समुंदर किनारा ।।

♪ सां-सां नि-सां- नि ध-नि- ध प-म-, सां-सां नि- सां- निध-नि- ध प-म- ।
म-ग ममम- म ध-प- ग म-प-, ग-म पप प- पध-नि- धप-म- ।।

अंतरा-2

इसकी आभा है अंबर की ज्योति, चाँद सूरज हैं कुंडल के मोती ।
रम्य अनुपम है इसका दीदारा, विश्व का है ये उज्ज्वल सितारा ।।

अंतरा-3

इसकी वायु में सौरभ घनेरा, इसका मंगल है साँझ और सवेरा ।
इसमें आनंद है अद्भुत अपारा, ये है कुदरत का मनहर नज़ारा ।।

अंतरा-4

मोर कोयल पपीहे हैं गाते, टेर कुहू हैं मंजुल सुनाते ।
संग सावन का शीतल फुहारा, सारे वतनों में ये है दुलारा ।।

अंतरा-5

पर नारी यहाँ पर है माता, भाईचारे का सबमें है नाता ।
यहाँ इंसानियत का बसेरा, शुभ शाँति अहिंसा का नारा ।।

अंतरा-6

इसकी संतानें हैं वीर ज्ञानी, संत योगी कलाकार दानी ।
स्नेह सेवा शराफत का डेरा, स्वर्ग से प्रिय है देश मेरा ।
स्वर्ग से प्रिय है देश हमारा ।।

(कोरस)

जय हो जय हो, तेरी जय हो जय हो, जय हो जय हो, सदा जय हो जय हो ।
जय हो जय हो, तेरी जय हो जय हो, जय हो जय हो, सदा जय हो जय हो ।।

♪ सां- सां नि- सां-, निध- नि- ध प- ध-, सां- सां नि- सां-, निध- नि- ध प- म- ।
म- ग म- म-, मप- म ग म- प-, ध- ध नि- नि-, निसां- नि- ध प- म- ।।

(भारत-राष्ट्रगौरव-गीतम्)

स्थायी

भारतं कर्मभूमिरस्माकं, भारतं स्वर्गभूमिरस्माकम् ।

♫ म-गम- म-मप-म-गम-प-, म-पध- ध-निसां-नि-धप-म- ।

अंतरा-1

अस्ति राष्ट्रं समृद्धं सुवर्णं, यस्य तुङ्गो हिमाद्रिः किरीटम् ।

पीयूषं हि नदीषु च नीरं, पावनं पादयोः सिन्धुतोयम् ।।

♫ सां-सां नि-सां- नि-ध-नि- धप-म-, सां-सां नि-सां- निध-नि- धप-म-।

म-गम- म पध-प- ग म-प-, ग-मप- प-पध- नि-धप-म-।।

अंतरा-2

रविरश्मिः प्रभा यस्य उक्ता, कुण्डले तारका यस्य मुक्ता ।

दर्शनम् अस्य देशस्य रम्यं, वर्णनं सुन्दरं ज्ञानगम्यम् ।।

अंतरा-3

यत्र सिंहा हरिणा अटन्ति, शुकाः पिका मयूरा रटन्ति ।

सर्वभूतेषु प्रीतिश्च सख्यं, प्रकृतेः रक्षणं कर्म मुख्यम् ।।

अंतरा-4

परनारी मता यत्र माता, परपुमान् तथा स्वस्य भ्राता ।

यत्र शाँतिरहिंसा नरत्वं, अनुकम्पा सदाचारतत्त्वम् ।।

अंतरा-5

यस्य पुत्राश्च कन्याश्च वीराः, ज्ञानक्षेत्रे रणे ये च धीराः ।

वेदवाक्यं मतं यत्र मन्त्रं, वाङ्मये भारतं पञ्चतन्त्रम् ।।

अनुपदम्

नमो नमो नमो जन्मभूमे । नमो नमो नमो मातृभूमे ।

नमो नमो नमो पुण्यभूमे । नमो नमो नमो पूज्यभूमे ।।

मातृभूमि महाराष्ट्र वन्दना

दादरा ताल 6 मात्रा

(चाल : गीत 545 प्रमाणे)

श्लोक

जन्मभूमिर्मता माता स्वर्गभूमिश्च सा मता ।

दण्वत्तामहं वन्दे साष्टागं च नमामि ताम् ।।

स्थायी

जै महाराष्ट्र! जै मातृभूमि! तुला अष्टांग वन्दे नमामि ।

पुण्यभूमि माझी कर्मभूमि, तुला साष्टांग वन्दे नमामि ।।

♫ म- गम-म-म प- म-गम-प- -, गम प-प-प ध-प- मग-म- - - ।

रे-गम-म- मप- म-गम-प- -, मग म-म-म ध-प- मग-म- - - ।।

अंतरा

1. शिवरायांची ही राष्ट्रभूमि, जिथे तानाजी बाजी सेनानी ।
   तुको ज्ञानोबा रामदास स्वामी, अशा राष्ट्राला नमो नमामि ।।

♫ सांसांनि-नि-नि रें- सां-धनि-सां .., सांसां नि-नि-नि रें-सां- धनि-सां..।

मग म-म-म प-मग-ग म-प- -, रेग म-म-म ध-प- मग-म- - - ।।

2. हिची समृद्ध सुपीक माती, ऊस कापूस संत्र्यांची शेती ।
   इथे कोकीळ पोपट गाती, अशा मातेला नमो नमामि ।।
3. सुख संपन्न ही स्वर्णभूमि, साऱ्या जगामध्ये स्वर्गभूमि ।।
   शेर वीरांची ही शौर्यभूमि, अशा देशाला नमो नमामि ।।
4. संत योगी इथे वेद गाती, इथे वीरांची पोलादी छाती ।
   महा वीरांची ही रंगभूमि, हिला शतवार नमो नमामि ।।

आई बाबा नमन

कहरवा ताल

(चाल : गीत 214 प्रमाणे)

श्लोक

जननी जन्मदा देवी सुखदा ज्ञानदा च सा ।

पिता च शाश्वतो देवो सर्वकाले नमामि तौ ।।

स्थायी

गडे! आई अमुची गोड अति, तिची प्रीति तुजला सांगु किती ।

अन्, बाबा अमुचे थोर मति, मी भाग्यवान बहु या जगती ।।

♫ सानि़ सा-गरे सासानि़- सा-रे मग-, गम मगपम गगरेसा सा-रे मग- ।

सानि़ सा-गरे सासानि़- सा-रे मग-, ग- रेसासारे-रे गम गरे सानि़सा- ।।

अंतरा

1. ती सरस्वती देवी माझी, अन् बाबा गणपति रूप खरे ।
   मी परमेशाचा आभारी, ज्याची मजवरि इतुकी प्रीति ।।

♫ प- मरेमप- पमपनि धपप-, पप मगगसा सागमप गरेसा नि़सा- ।

सानि़ सासागरेसा-नि़- सा-रेमग-, ग-रेसा सासारेरे गमगरे सानि़सा- ।।

2. ती नामध्येय कीर्ति माझी, ती कला ज्ञान स्फूर्ति माझी ।
   ती मंगलमय मूर्ति माझी, तिने केली सुखकर ही धरती ।।
3. ते पथदर्शक पालक माझे, बाबांचे ऋण अनुपम साचे ।
   ते देउनि शुभ वरदान मला, सद्भाव सदा हृदयी भरती ।।

संगीतश्रीकृष्णरामायण गीतमाला, पुष्प 2 of 763

खयाल : राग यमन, तीन ताल 16 मात्रा

गणेश वंदना ।

स्थायी : मंगल वंदन सुमिरण प्यारे, सुखकर गान गणेश तुम्हारे ।।

अंतरा : 1. गणपति बाप्पा परम पियारे, गण नायक विघ्नेश दुलारे ।।

2. निहार सुंदर काम सुखारे, भगतन आते चरण तिहारे ।।

स्थायी

0				3				X				2			
नि	–	प	प	रे	–	सा	सा	ग	रे	म॑	धप	रे	–	सा	–
मं	ऽ	ग	ल	वं	ऽ	द	न	सु	मि	र	णऽ	प्या	ऽ	रे	ऽ
नि़	नि़	रे	रे	ग	–	म॑	म॑	नि	ध	प	प	रे	–	सा	–
सु	ख	क	र	गा	ऽ	न	ग	णे	ऽ	श	तु	म्हा	ऽ	रे	ऽ
नि	–	प	प	रे	–	सा	सा	ग	रे	म॑	धप	रे	–	सा	–
मं	ऽ	ग	ल	वं	ऽ	द	न	सु	मि	र	णऽ	प्या	ऽ	रे	ऽ

अंतरा–1

0				3				X				2			
प	ग	प	प	सां	–	सां	–	नि	रें	गं	रें	नि	रें	सां	–
ग	ण	प	ति	बा	ऽ	प्पा	ऽ	प	र	म	पि	या	ऽ	रे	ऽ
सां	गं	रें	सां	सां	नि	ध	प	ग	म॑	ध	प	रे	–	सा	–
ग	ण	ना	ऽ	य	क	वि	घ्	ने	ऽ	श	दु	ला	ऽ	रे	ऽ

स्थायी तान : मंगल वंदन

1. नि़रे गम॑ पध निरें । सांनि धप म॑ग रेसा

मंगल वंदन

2. नि़रे गम॑ गरे गम॑ । पध पम॑ गरे सा–

अंतरा तान : गणपति बाप्पा ऽ

1. निसा धनि पध म॑प । गम॑ रेग सारे नि़सा

गणपति बाप्पा परम पियारे ऽ

2. गरे गरे सानि़ सा– । निध निध पम॑ प– । गंरें गंरें सांनि धप । निनि धप म॑ग रेसा

संगीतश्रीकृष्णरामायण गीतमाला, पुष्प 4 of 763

कीर्तन : राग खमाज, कहरवा ताल 8 मात्रा

गणपति देवा ।

स्थायी : गणपति गणपति गणपति देवा!

कोई लाए मोदक कोई लाए मेवा ।।

अंतरा : 1. गणपति गणपति गणपति देवा!
कोई करे भगति तो कोई करे सेवा ।।
2. भजनन किरतन बहुविध देवा!
लंबोदर लंबोदर लंबोदर देवा ।।
3. मुनि जन करियत जप तप सेवा,
गजमुख गजमुख गजमुख देवा ।।
4. अर्पण सब तव चरणन देवा!
गौरीसुत गौरीसुत गौरीसुत देवा ।।

स्थायी

X				0				X				0			
म	प	प	म	प	ध	ध	प	पध	नि	नि	नि	नि	ध	ध	–
ग	ण	प	ति	ग	ण	प	ति	गऽ	ण	प	ति	दे	ऽ	वा	ऽ
ग	ग	ग	ग	म	–	प	प	नि	ध	प	म	म	–	म	–
को	ई	ला	ए	मो	ऽ	द	क	को	ई	ला	ए	मे	ऽ	वा	ऽ
ग	ग	ग	ग	म	–	प	सां	नि	ध	प	म	म	–	म	–
को	ई	ला	ए	मो	ऽ	द	क	को	ई	ला	ए	मे	ऽ	वा	ऽ

अंतरा–1

X				0				X				0			
ध	ध	नि	सां	सां	सां	सां	सां	सां	रें	मं	गं	रें	सां	सां	–
ग	ण	प	ति	ग	ण	प	ति	ग	ण	प	ति	दे	ऽ	वा	ऽ
म	प	प	म	प	ध	ध	प	प	ध	प	म	म	–	म	–
को	ई	क	रे	भ	ग	ति	तो	को	ई	क	रे	से	ऽ	वा	ऽ
म	प	प	म	प	सां	ध	ध	प	ध	प	म	म	–	म	–
को	ई	क	रे	भ	ग	ति	तो	को	ई	क	रे	से	ऽ	वा	ऽ
म	प	प	म	प	ध	ध	प	पध	नि	नि	नि	नि	ध	ध	–
ग	ण	प	ति	ग	ण	प	ति	गऽ	ण	प	ति	दे	ऽ	वा	ऽ

संगीतश्रीकृष्णरामायण गीतमाला, पुष्प 6 of 763

भजन : राग भैरवी – रूपक ताल 7 मात्रा

स्थायी : देवी सरस्वती ज्ञान दो, हमको परम स्वर गान दो ।
हमरा अमर अभिधान हो, माँ शारदे वरदान दो ।।
अंतरा : 1. तेरी करें हम आरती, तेरे ही सुत हम भारती ।
सब विश्व का कल्याण हो, माँ शारदे वरदान दो ।।

2. तुम ही हो बुद्धि दायिनी, तुम ही महा सुख कारिणी ।
तुम ही गुणों की खान हो, माँ शारदे वरदान दो ।।

3. तेरी कृपा से काम हो, जग में न हम नाकाम हों ।
हमको न कभी अभिमान हो, माँ शारदे वरदान दो ।।

4. तुम हो कला की देवता, देवी हमें दो योग्यता ।
हमको हुनर परिधान हो, माँ शारदे वरदान दो ।।

** माँ शारदे वरदान दो, माँ शारदे वरदान दो, माँ शारदे वरदान दो ।।

**** This line comes at the end of the last Antara only.**

ALAP

सां – रें सां – निध पम प – म ग –, गप निप रे – रे रे – ग प प – म म –

स्थायी

		X			2		3		X			2		3	
प	–	निध	नि	प	ग	–	ग	सा	म	–	प	म	–	सा	सा
दे	ऽ	वीऽ	ऽ	स	र	ऽ	स्व	ती	ज्ञा	ऽ	न	दो	ऽ	ह	म
		म	–	प	ध	ध	रें	सां	ध	नि	प	ध	–	प	प
		को	ऽ	प	र	म	स्व	र	गा	ऽ	न	दो	ऽ	ह	म
		निध	नि	प	ग	ग	ग	सा	म	–	प	म	–	सा	–
		राऽ	ऽ	अ	म	र	अ	भि	धा	ऽ	न	हो	ऽ	माँ	ऽ
		म	–	प	ध	–	रें	सां	ध	नि	प	ध	–	सा	–
		शा	ऽ	र	दे	ऽ	व	र	दा	ऽ	न	दो	ऽ	दे	ऽ

अंतरा–1

मग सागु म म म म – धप मप नि नि नि नि –, रेंगं सांनि ध – नि गं रें सां

		X			2		3		X			2		3	
सां	–	सां	–	सां	नि	सां	ध	नि	रें	–	रें	रें	–	रेंगं	मं
ते	ऽ	री	ऽ	क	रें	ऽ	ह	म	आ	ऽ	र	ती	ऽ	तेऽ	ऽ
		रें	–	गं	सां	नि	ध	नि	गंरें	गं	रें	सां	–	सां	–
		रे	ऽ	ही	सु	त	ह	म	भाऽ	ऽ	र	ती	ऽ	ते	ऽ
		रें	नि	नि	ध	प	प	प	निध	नि	प	म	–	प	प
		रे	ऽ	ही	सु	त	ह	म	भाऽ	ऽ	र	ती	ऽ	स	ब
		निध	नि	प	ग	–	ग	सा	म	–	प	म	–	सा	–
		विऽ	ऽ	श्व	का	ऽ	क	ऽ	ल्या	ऽ	ण	हो	ऽ	माँ	ऽ
		म	–	प	ध	–	नि	सां	रें	–	नि	प	ग	सा	–
		शा	ऽ	र	दे	ऽ	व	र	दा	ऽ	न	दो	ऽ	दे	ऽ
		निध	नि	प	ग	–	ग	सा	म	–	प	म	–		
		वीऽ	ऽ	स	र	ऽ	स्व	ती	ज्ञा	ऽ	न	दो	ऽ		

**** This line at the end of the last Antara only :**

माँ शारदे वरदान दो, माँ शारदे वरदान दो, माँ शारदे वरदान दो । वरदान दो, वरदान दो ।

		X			2		3		X			2		3	
म	–	म	–	म	म	–	म	म	ध	–	ध	ध	–	ध	–
माँ	ऽ	शा	ऽ	र	दे	ऽ	व	र	दा	ऽ	न	दो	ऽ	माँ	ऽ
		ध	–	ध	ध	–	ध	प	नि	–	नि	नि	–	नि	–
		शा	ऽ	र	दे	ऽ	व	र	दा	ऽ	न	दो	ऽ	माँ	ऽ
		नि	–	नि	नि	–	नि	ध	सां	–	सां	सां	–	नि	ध
		शा	ऽ	र	दे	ऽ	व	र	दा	ऽ	न	दो	ऽ	व	र
		सां	–	सां	सां	–	नि	ध	सां	–	रें	सां	–	–	–
		दा	ऽ	न	दो	ऽ	व	र	दा	ऽ	न	दो	ऽ	ऽ	ऽ

संगीतश्रीकृष्णरामायण गीतमाला, पुष्प 11 of 763

भजन : राग भैरवी, कहरवा ताल 8 मात्रा

श्लोक : गुरु ब्रह्मा शिव, गुरु विष्णु है, गुरु चरणन में ज्ञान सही ।।

स्थायी : गुरु राम है, गुरु श्याम है, श्री गणपति का अवतार वही ।।

अंतरा : 1. ज्ञान सिखावे, राह दिखावे, गुरु के तले अंधःकार नहीं ।।

2. भरम भगावे, भाग्य जगावे, गुरु से बड़ा अधिकार नहीं ।।

3. छाँव गुरु है, नाव गुरु है, गुरु से बड़ी पतवार नहीं ।।

4. गुरु गुण गावो, गुरु ऋण ध्यावो, गुरु किरपा का भार नहीं ।।

श्लोक

–	सांसां	रें	सां	सां	–	सां	सां	–	सांसां	रें	सां	नि	–	नि	–
ऽ	गुरु	ब्र	ऽ	ह्मा	ऽ	शि	व	ऽ	गुरु	वि	ष्	णु	ऽ	है	ऽ
–	निनि	नि	नि	गं	गं	गं	रें	–	रेंगं	रें	सां	सां	–	–	–
ऽ	गुरु	च	र	ण	न	में	ऽ	ऽ	ज्ञाऽ	न	स	ही	ऽ	ऽ	ऽ
–	सांरें	नि	ध	प	प	प	–	–	निध	निप	म	म	–	–	–
ऽ	गुरु	च	र	ण	न	में	ऽ	ऽ	ज्ञाऽ	ऽन	स	ही	ऽ	ऽ	ऽ

स्थायी

		X				0				X				0			
म	प	ध	–ध	ध	–	–	–	प	म	प	–प	प	–	–	–	मग	रे
गु	रु	रा	ऽम	है	ऽ	ऽ	ऽ	गु	रु	श्या	ऽम	है	ऽ	ऽ	ऽ	श्रीऽ	ऽ
		–	रेरे	ग	ग	म	–	ध	ध	–	प	ध	प	म	म	मग	रे
		ऽ	गण	प	ति	का	ऽ	अ	व	ऽ	ता	ऽ	र	व	ही	श्रीऽ	ऽ
		–	रेरे	ग	म	म	–	प	सां	–	(नि)ध	प	म	म	–	म	प
		ऽ	गण	प	ति	का	ऽ	अ	व	ऽ	ता	र	व	ही	ऽ	गु	रु

अंतरा-1

X				0				X				0			
–	सां	–नि	ध	सां	–	सां	–	–	सां	–नि	प	रें	–	रें	–
ऽ	ज्ञा	ऽन	सि	खा	ऽ	वे	ऽ	ऽ	रा	ऽह	दि	खा	ऽ	वे	ऽ
–	रेंरें	रें	रें	रें	–	रें	रें	–	रेंगं	रें	सां	सां	–	–	–
ऽ	गुरु	के	त	ले	ऽ	अं	धः	ऽ	काऽ	र	न	हीं	ऽ	ऽ	ऽ
–	सांरें	नि	ध	प	–	प	प	–	निध	निप	म	म	–	म	प
ऽ	गुरु	के	त	ले	ऽ	अं	धः	ऽ	काऽ	रऽ	न	हीं	ऽ	गु	रु

संगीतश्रीकृष्णरामायण गीतमाला, पुष्प 13 of 763

भजन : राग मिश्र, कहरवा ताल 8 मात्रा

जै श्री राम

स्थायी : जै श्री राम भजो मन मेरे, नाम हरि के गारे ।
जनम जनम के पाप उतारे, तन के ताप उबारे ।।

अंतरा : 1. घेरेंगे जब घोर अंधेरे, मेघ घनेरे कारे ।
या छेड़ेंगे भय दुस्तारे, मन वीणा की तारें ।
छोड़ेंगे यदि साथ पियारे, भवसागर मझधारे ।।

2. बोलेंगे जब शबद दुखारे, निर्दय दुनियावारे ।
या काटेंगे साँप विषारे, भूखे मुख को पसारे ।
रोएँगे गर गम के मारे, तेरे प्राण बिचारे ।।

3. झेलेंगे तब रामजी प्यारे, दुख तन मन के सारे ।
खेलेंगे हरि खेल सुखारे, हरने ताप तुम्हारे ।
लेलेंगे प्रभु परम कृपारे, शरण में साँझ सकारे ।।

स्थायी

X				0				X				0			
–	ग	–प	ध	(सां)नि	–	–ध	प	गरे	–	–	(सां)निनि	सा	–	सा	–
ऽ	जै	ऽ	श्रीऽ	रा	ऽ	ऽम	भ	जोऽ	ऽ	ऽ	मन	मे	ऽ	रे	ऽ
–	पग	प	नि	ध	–	ध	–	–	सांनि	–	सां	ध	–	प	–
ऽ	ना–	म	ह	रि	ऽ	के	ऽ	ऽ	गाऽ	ऽ	ऽ	रे	ऽ	ऽ	ऽ
–	सांसां	सां	सां	सां	सां	सां	–	–	नि	–ध	प	ध	सां	सां	–
ऽ	जन	म	ज	न	म	के	ऽ	ऽ	पा	ऽप	उ	ता	ऽ	रे	ऽ
–	सांसां	गं	सां	(सां)नि	–	ध	प	(प)ग	–	–	प	रे	–	नि	सा
ऽ	तन	के	ऽ	ता	ऽ	प	उ	बा	ऽ	ऽ	ऽ	रे	ऽ	ऽ	ऽ

16
Sangit Shri-Krishna-Ramayan Songs written *by Ratnakar Narale*

अंतरा–1

X				0				X				0			
–	सां	–	सां	सां	–	सां	सां	–	नि	–ध	प	ध	नि	नि	–
ऽ	घे	ऽ	रें	गे	ऽ	ज	ब	ऽ	घो	ऽर	अं	धे	ऽ	रे	ऽ
–	धनि	ध	प	पग	–	प	नि	ध	–	प	–	–	–	–	–
ऽ	मेऽ	घ	घ	नेऽ	ऽ	रे	ऽ	का	ऽ	रे	ऽ	ऽ	ऽ	ऽ	ऽ
–	सां	–	सां	सां	–	सां	–	–	निनि	ध	प	ध	नि	नि	–
ऽ	या	ऽ	छे	ड़ें	ऽ	गे	ऽ	ऽ	भय	दु	स्	ता	ऽ	रे	ऽ
–	धनि	ध	प	पग	–	प	नि	ध	–	प	–	–	–	–	–
ऽ	मन	वी	ऽ	णाऽ	ऽ	की	ऽ	ता	ऽ	रें	ऽ	ऽ	ऽ	ऽ	ऽ
–	सां	–	सां	सां	–	रें	गं	–	नि	–ध	प	ध	सां	सां	–
ऽ	छो	ऽ	ड़ें	गे	ऽ	य	दि	ऽ	सा	ऽथ	पि	या	ऽ	रे	ऽ
–	सांसां	गं	सां	(सां)नि	नि	–	धप	(प)ग	–	–	प	रे	–	नि़	सा
ऽ	भव	सा	ऽ	ग	र	ऽ	मझ	धा	ऽ	ऽ	ऽ	रे	ऽ	ऽ	ऽ

संगीतश्रीकृष्णरामायण गीतमाला, पुष्प 15 of 763

भजन : राग बिलावल, कहरवा ताल 8 मात्रा

सियापति सुमिरन ।

स्थायी : राम सियापति प्राण पियारे, अंजनी नंदन दास तिहारे ।।

अंतरा : 1. राम नरोत्तम भजु रे मन में, नाम मनोहर साँझ सकारे ।।

2. करुणा किरपा कारज न्यारे, लीजो शरण में राघव प्यारे ।।

3. हरियो प्रभु जी आप हमारे, पाप करम के अवगुन सारे ।।

4. बाल्मीक तुलसी गात तिहारे, गान अमर जों जग उजियारे ।।

स्थायी

3				X				2				0			
ग	प	नि	नि	सां	–	सां	सां	सां	रें	सां	सां	सांनि	धप	मग	मरे
रा	ऽ	म	सि	या	ऽ	प	ति	प्रा	ऽ	ण	पि	या	ऽऽ	रेऽ	ऽऽ
ग	म	प	ग	म	रे	सा	सा	सां	–	गं	रें	सां	नि	ध	प
अं	ऽ	ज	नी	नं	ऽ	द	न	दा	ऽ	स	ति	हा	ऽ	रे	ऽ
ग	प	नि	नि	सां	–	सां	सां	सां	रें	सां	सां	सांनि	धप	मग	मरे
रा	ऽ	म	सि	या	ऽ	प	ति	प्रा	ऽ	ण	पि	या	ऽऽ	रेऽ	ऽऽ

अंतरा–1

3				X				2				0			
प	**–**	**नि**	**नि**	**सां**	**–**	**सां**	**सां**	**सां**	**गं**	**गं**	**मं**	**गं**	**रें**	**सां**	**–**
रा	ऽ	म	न	रो	ऽ	त्त	म	भ	जु	रे	ऽ	म	न	में	ऽ
सां	**–**	**गं**	**रें**	**सां**	**नि**	**ध**	**प**	**सां**	**नि**	**ध**	**प**	**सांनि**	**धप**	**मग**	**मरे**
ना	ऽ	म	म	नो	ऽ	ह	र	साँ	ऽ	झ	स	का	ऽऽ	रे	ऽऽ
ग	**प**	**नि**	**नि**	**सां**	**–**	**सां**	**सां**	**सां**	**रें**	**सां**	**सां**	**सांनि**	**धप**	**मग**	**मरे**
रा	ऽ	म	सि	या	ऽ	प	ति	प्रा	ऽ	ण	पि	या	ऽऽ	रेऽ	ऽऽ

संगीतश्रीकृष्णरामायण गीतमाला, पुष्प 21 of 763

आरती : राग खमाज, कहरवा ताल 8 मात्रा

जै बजरंग बली ।

स्थायी : ॐ जै बजरंग बली । कपि जय बजरंग बली ।
भगतन प्राण पिहारे । आस में द्वार तिहारे ।
सुंदर दर्शन की । ॐ जय बजरंग बली ।।

अंतरा : 1. राम दास तुम पावन । शंकर अवतारी ।
प्रभु शंकर अवतारी ।
महावीर परमेश्वर । लोक नाथ सत् ईश्वर ।
विक्रम वज्रांगी । ॐ जय ...

2. तुमने सुग्रीव कपि से । राम को मिलवाया ।
प्रभु राम को मिलवाया ।
बाली पतन कराके । तुमने मुक्त कराई ।
दारा सुग्रीव की । ॐ जय ...

3. सिय की खोज लगाके । खबरिया राम को दी ।
खुश खबरिया राम को दी ।
रावन पतन कराके । तुमने मुक्त कराई ।
सीता रघुवर की । ॐ जय ...

4. जल पर अश्म तराये । राम नाम लिखके ।
शुभ राम नाम लिखके ।
सागर सेतु बनाके । सेना पार कराके ।
लंका तुम जारी । ॐ जय ...

5. वायु गति से उड़ के । परबत ले आये ।
प्रभु परबत ले आये ।
संजीवन बुटी लाके । तुमने जान बचाई ।
भाई लछिमन की । ॐ जय ...

स्थायी

		X				0				X				0			
म	–	म	–	म	म	म	–	ग	म	प	–	प	ध	नि	सां	सां	सां
ॐ	ऽ	जै	ऽ	ब	ज	रं	ऽ	ग	ब	ली	ऽ	क	पि	ज	य	ब	ज
		रें	सां	नि	ध	निध	प	–	–	–	–	–	–	प	ध	प	ध
		रं	ऽ	ग	ब	लीऽ	ऽ	ऽ	ऽ	ऽ	ऽ	ऽ	ऽ	भ	ग	त	न
		नि	–	नि	ध	म	ध	म	–	प	ध	प	ध	नि	–	नि	ध
		प्रा	ऽ	ण	पि	हा	ऽ	रे	ऽ	आ	ऽ	स	में	द्वा	ऽ	र	ति
		प	ध	म	–	म	प	प	प	ध	प	म	ग	रे	–	प	–
		हा	ऽ	रे	ऽ	सुं	ऽ	द	र	द	र्	श	न	की	ऽ	ओ	म
		प	प	प	प	ध	प	म	ग	म	–	–	–	–	–	–	–
		ज	य	ब	ज	रं	ऽ	ग	ब	ली	ऽ	ऽ	ऽ	ऽ	ऽ	ऽ	ऽ

अंतरा–1

X				0				X				0			
प	म	म	ग	प	म	म	ग	प	म	म	म	सां	रें	सां	नि
रा	ऽ	म	दा	ऽ	स	तु	म	पा	ऽ	व	न	शं	ऽ	क	र
ध	ध	प	म	प	–	सां	सां	सां	रें	सां	नि	ध	ध	प	म
अ	व	ता	ऽ	री	ऽ	प्र	भु	शं	ऽ	क	र	अ	व	ता	ऽ
प	–	–	–	–	–	–	–	प	ध	प	ध	नि	नि	नि	ध
री	ऽ	ऽ	ऽ	ऽ	ऽ	ऽ	ऽ	म	हा	ऽ	वी	ऽ	र	प	र
प	ध	म	म	प	ध	प	ध	नि	नि	नि	ध	प	ध	म	म
मे	ऽ	श्व	र	लो	ऽ	क	ना	ऽ	थ	स	त्	ई	ऽ	श्व	र
प	–	प	प	ध	प	म	ग	रे	–	–	–	–	–	प	–
वि	ऽ	क्र	म	व	ज्	रां	ऽ	गी	ऽ	ऽ	ऽ	ऽ	ऽ	ओ	म
प	प	प	प	ध	प	म	ग	म	–	–	–	–	–	–	–
ज	य	ब	ज	रं	ऽ	ग	ब	ली	ऽ	ऽ	ऽ	ऽ	ऽ	ऽ	ऽ

संगीतश्रीकृष्णरामायण गीतमाला, पुष्प 43 of 763

गज़ल – कहरवा ताल

राह में घनश्याम तेरी ।

स्थायी : राह में घनश्याम तेरी, बैठे ज़माना हो गया ।
रास में तू है लगा ये, दुक बहाना हो गया ।।

अंतरा : 1. पी गयी वो ज़हर का प्याला, तू योग में था खो गया ।
मत बता तू वो बहाना, अब पुराना हो गया ।।

2. बंसी तेरी है सुहानी, राधिका से है सुना ।
एक सुर हमको सुना दे, बस लुभाना हो गया ।।
3. माना तू हमदर्द है, मगर कहाँ तू सो गया ।
कम से कम दीदार दे दे, बस रुलाना हो गया ।।

स्थायी

X				0				X				0			
–	नि़	सा	ग	म	–	म	म	–	पध	नि	ध	प	ध	म	ग
ऽ	रा	ऽ	ह	में	ऽ	घ	न	ऽ	श्याऽ	ऽ	म	ते	ऽ	री	ऽ
–	ग	ग	ग	म	–	पनि	प	ग	–	–	ग	रेम	गरे	नि़	सा
ऽ	बै	ठे	ज़	मा	ऽ	नाऽ	ऽ	हो	ऽ	ऽ	ग	या–	ऽ	ऽ	ऽ
–	नि़	सा	ग	म	–	म	–	–	पध	नि	ध	प	ध	म	ग
ऽ	रा	ऽ	स	में	ऽ	तू	ऽ	ऽ	हैऽ	ऽ	ल	गा	ऽ	ये	ऽ
–	ग	ग	ग	म	–	पनि	प	ग	–	–	ग	रेम	गरे	नि़	सा
ऽ	टु	क	ब	हा	ऽ	ना–	ऽ	हो	ऽ	ऽ	ग	या–	ऽ	ऽ	ऽ

अंतरा–1, 2

X				0				X				0			
–	नि	प	प	नि	–	नि	–	सां–	–	सां	नि	सां	–	सां	–
ऽ	पी	ऽ	ग	यी	ऽ	वो	ऽ	ज़ह	ऽ	र	का	प्या	ऽ	ला	ऽ
–	सां	सां	रें	नि	–	प	–	–	ग	–	प	म	–	ग	सा
ऽ	तू	यो	ग	में	ऽ	था	ऽ	ऽ	खो	ऽ	ग	या	ऽ	ऽ	ऽ
–	नि़	सा	ग	म	म	म	–	–	पध	नि	ध	प	ध	म	ग
ऽ	म	त	ब	ता	ऽ	तू	ऽ	ऽ	वोऽ	ऽ	ब	हा	ऽ	ना	ऽ
–	ग	ग	ग	म	–	पनि	प	ग	–	–	ग	रेम	गरे	नि़	सा
ऽ	अ	ब	पु	रा	ऽ	नाऽ	ऽ	हो	ऽ	ऽ	ग	याऽ	ऽ	ऽ	ऽ
–	नि़	सा	ग	म	–	म	म	–	पध	नि	ध	प	ध	म	ग
ऽ	रा	ऽ	ह	में	ऽ	घ	न	ऽ	श्याऽ	ऽ	म	ते	ऽ	री	ऽ

संगीतश्रीकृष्णरामायण गीतमाला, पुष्प 46 of 763

भजन : राग बिहाग, कहरवा ताल

लक्ष्मी वंदना ।

स्थायी : जय लक्ष्मी धनदायिनी जय हो, जन गण जीवन शुभ सुख कर हो ।
जय जननी वर दायिनी वर दो, सत् चित से मम तन मन भर दो ।
अंतरा : 1. कर कमलों में पद्म तिहारे, लाल कमल पर पद हैं तुम्हारे ।
2. केयूर कंठी मुंदरी माला, हार मुकुट नथ काजल काला ।

3. धन की राशी कर में तुम्हारे, भाग जगाती पल में हमारे ।

4. जय जय देवी जय जगदंबे, तेरी शरण में भगतन बंदे ।

स्थायी

X				0				X				0			
–	गम	प	सां	नि	–	प	प	–	पम॑	ग	म	ग	ग	रेसा	–
ऽ	जय	ल	क्ष्	मीऽ	ऽ	ध	न	दा	ऽ	यि	नि	ज	य	हो	ऽ
–	निप़	नि़	नि़	सा	–	सा	सा	–	पम॑	ग	म	ग	ग	रेसा	–
ऽ	जन	ग	ण	जी	ऽ	व	न	ऽ	शुभ	सु	ख	क	र	हो	ऽ
–	गम	प	सां	नि	–	प	प	–	पम॑	ग	म	ग	ग	रेसा	–
ऽ	जय	ज	न	नीऽ	ऽ	व	र	ऽ	दाऽ	यि	नी	व	र	दो	ऽ
–	निप़	नि़	नि़	सा	–	सा	सा	–	पम॑	ग	म	ग	ग	रेसा	–
ऽ	सत्	चि	त	से	ऽ	म	म	ऽ	तन	म	न	भ	र	दो	ऽ
–	गम	प	सां	नि	–	प	प	–	पम॑	ग	म	ग	ग	रेसा	–
ऽ	जय	ल	क्ष्	मीऽ	ऽ	ध	न	ऽ	दाऽ	यि	नि	ज	य	हो	ऽ

अंतरा–1

X				0				X				0			
–	गम	प	नि	सां	–	सां	–	–	सांसां	सां	सां	नि	रें	सां	–
ऽ	कर	क	म	लों	ऽ	में	ऽ	प	द्ऽ	म	ति	हा	ऽ	रे	ऽ
–	सां	–गं	मं	गं	रें	नि	सां	–	गम	प	म	ग	ग	रेसा	–
ऽ	ला	ऽल	क	म	ल	प	र	ऽ	पद	हैं	तु	म्हा	ऽ	रे	ऽ
–	गम	प	सां	नि	–	प	प	–	पम॑	ग	म	ग	ग	रेसा	–
ऽ	जय	ल	क्ष्	मीऽ	ऽ	ध	न	दा	ऽ	यि	नि	ज	य	हो	ऽ

संगीतश्रीकृष्णरामायण गीतमाला, पुष्प 47 of 763

भजन : राग यमन – तीन ताल / कहरवा ताल

लक्ष्मी वंदना ।

स्थायी : भाग्य लक्ष्मी चंचल देवी, सिद्धि दायिनी ताप हारिणी ।
सुंदर मंगल आरती तेरी ।।

अंतरा : 1. पावन मूरत सूरत प्यारी, धन की देवी मन को सुखारी ।।

2. कंगन कुंडल कुंदन कंठी, पैंजन अंगद बिंदी मुंदरी ।।

3. बाजत ढोलक घुँघरू घंटी, गात हैं संत महंत पुजारी ।।

4. नारद शारद पुष्प की वृष्टि, कुबेर किन्नर शंकर गौरी ।।

स्थायी

0				3				X				2			
ग	–	ग	गप	रे	रे	सा	रे	म॑	–	म॑ध	प	रे	–	सा	–
भा	ऽ	ग्य	लऽ	ऽ	क्ष्	मी	ऽ	चं	ऽ	च	ल	दे	ऽ	वी	ऽ
नि़	ध़	नि़	रे	म॑	म॑	म॑	–	म॑	ध	नि	ध	म॑	ध	प	–
सि	ऽ	द्धि	दा	ऽ	यि	नी	ऽ	ता	ऽ	प	हा	ऽ	रि	णी	ऽ
प	–	सां	नि	प	–	म॑	ग	ग	रे	ग	प	रे	–	सा	–
सुं	ऽ	द	र	मं	ऽ	ग	ल	आ	ऽ	र	ती	ते	ऽ	री	ऽ
ग	–	ग	गप	रे	रे	सा	रे	म॑	–	म॑ध	प	रे	–	सा	–
भा	ऽ	ग्य	लऽ	ऽ	क्ष्	मी	ऽ	चं	ऽ	च	ल	दे	ऽ	वी	ऽ

अंतरा–1

0				3				X				2			
म॑	–	ग	ग	म॑	–	ध	ध	धनि	सां	सां	सां	नि	रें	सां	–
पा	ऽ	व	न	मू	ऽ	र	त	सूऽ	ऽ	र	त	प्या	ऽ	री	ऽ
नि	रें	गं	रें	नि	रें	सां	–	ग	म॑	ध	प	रे	–	सा	–
ध	न	की	ऽ	दे	ऽ	वी	ऽ	म	न	को	सु	खा	ऽ	री	ऽ
ग	–	ग	गप	रे	रे	सा	रे	म॑	–	म॑ध	प	रे	–	सा	–
भा	ऽ	ग्य	लऽ	ऽ	क्ष्	मी	ऽ	चं	ऽ	च	ल	दे	ऽ	वी	ऽ

संगीतश्रीकृष्णरामायण गीतमाला, पुष्प 60 of 763

भजन : राग भैरवी – कहरवा ताल

प्रभु बताओ ।

स्थायी : प्रभु बताओ दुखी जहाँ का, अजीब खेला क्यों है रचाया ।
ये शोर दुखियों की आतमा का, कहो प्रभु जी क्यों है मचाया ।।

अंतरा :
1. यहाँ न कोई किसी का भाई, न दोसती में कहीं सचाई ।
ये हाल जीने का इस जहाँ में, बताओ प्रभु जी क्यों है बनाया ।।
2. कहीं लड़ाई या बेवफाई, मगर भलाई न दे दिखाई ।
बेहाल आँसू पीना जहाँ में, बतादो प्रभु जी क्यों है सनाया ।।
3. कहीं बुराई कहीं दुहाई, कहीं जुदाई कहीं रुलाई ।
ये साज रोने का इस जहाँ में, न जाने प्रभु जी क्यों है बजाया ।।

स्थायी

X				0				X				0			
सा	प	–	प	प	ध	म	प	प	पध	सां	नि	ध	–	प	–
प्र	भु	ऽ	ब	ता	ऽ	ओ	ऽ	दु	खीऽ	ऽ	ज	हाँ	ऽ	का	ऽ
ग	म	–	ध	प	म	ग	सा	सा	(नि़)ध़	–	नि़	सारे	ग	ग	–
अ	जी	ऽ	ब	खे	ऽ	ला	ऽ	क्यों	है	ऽ	र	चाऽ	ऽ	या	ऽ
ग	म	–	ध	प	म	ग	सा	सा	(नि़)ध़	–	नि़	सा	–	सा	–
अ	जी	ऽ	ब	खे	ऽ	ला	ऽ	क्यों	है	ऽ	र	चा	ऽ	या	ऽ
सा	प	–	प	प	ध	म	प	प	पध	सां	नि	ध	–	प	–
ये	शो	ऽ	र	दु	खि	यों	ऽ	कि	आऽ	ऽ	त	मा	ऽ	का	ऽ
ग	म	–	ध	प	म	ग	सा	सा	(नि़)ध़	–	नि़	सारे	ग	ग	–
क	हो	ऽ	प्र	भु	ऽ	जी	ऽ	क्यों	है	ऽ	म	चाऽ	ऽ	या	ऽ
ग	म	–	ध	प	म	ग	सा	सा	(नि़)ध़	–	नि़	सा	–	सा	–
क	हो	ऽ	प्र	भु	ऽ	जी	ऽ	क्यों	है	ऽ	म	चा	ऽ	या	ऽ
सा	प	–	प	प	ध	म	प	प	पध	सां	नि	ध	–	प	–
प्र	भु	ऽ	ब	ता	ऽ	ओ	ऽ	दु	खीऽ	ऽ	ज	हाँ	ऽ	का	ऽ

अंतरा–1

X				0				X				0			
ग	म	–	म	(नि)ध	–	नि	–	नि	सां	–	सां	नि	रें	सां	–
य	हाँ	ऽ	न	को	ऽ	ई	ऽ	कि	सी	ऽ	का	भा	ऽ	ई	ऽ
नि	नि	–	नि	सां	–	सां	–	सां	नि	रें	सां	(नि)ध	–	प	–
न	दो	ऽ	स	ती	ऽ	में	ऽ	क	हीं	ऽ	स	चा	ऽ	ई	ऽ
प	प	–	प	प	ध	म	प	प	पध	सां	नि	ध	–	प	–
ये	हा	ऽ	ल	जी	ऽ	ने	ऽ	का	इस	ऽ	ज	हाँ	ऽ	में	ऽ
ग	म	–	ध	प	म	ग	सा	सा	(नि़)ध़	–	नि़	सारे	ग	ग	–
ब	ता	ऽ	ओ	प्र	भु	जी	ऽ	क्यों	है	ऽ	ब	नाऽ	ऽ	या	ऽ
ग	म	–	ध	प	म	ग	सा	सा	(नि़)ध़	–	नि़	सा	–	सा	–
ब	ता	ऽ	ओ	प्र	भु	जी	ऽ	क्यों	है	ऽ	ब	ना	ऽ	या	ऽ

संगीतश्रीकृष्णरामायण गीतमाला, पुष्प 76 of 763

कीर्तन : राग भैरवी, कहरवा ताल

कृष्ण कन्हैया राधेश्याम ।

स्थायी : कृष्ण कन्हैया राधेश्याम, श्रीधर तेरे रूप ललाम ।
सुंदर प्यारे तेरे नाम ।।

अंतरा : 1. ईश्वर ब्रह्मा हरि घनश्याम, शंकर विष्णु तू ही राम ।
गाओ मंगल कृष्ण के नाम ।।

2. दे दे किरपा का वरदान, पूरे हमरे कर अरमान ।
दीन दुखी का तू भगवान ।।

3. गाऊँ सौ सौ तेरे नाम, ध्याऊँ तेरे रूप तमाम ।
अनुपम सारे तेरे काम ।।

स्थायी

X				0				X				0			
सा	म	म	म	म	प	म	ग	ग	म	प	म	प	–	–	प
कृ	ष्	ण	क	न्है	ऽ	या	ऽ	रा	ऽ	धे	ऽ	श्या	ऽ	ऽ	म
सा	म	म	म	म	प	म	ग	ग	म	प	म	प	–	–	प
श्री	ऽ	ध	र	ते	ऽ	रा	ऽ	रू	ऽ	प	ल	ला	ऽ	ऽ	म
प	–	प	ध	प	म	म	–	^गरे	–	ग	प	म	–	–	म
सुं	ऽ	द	र	प्या	ऽ	रे	ऽ	ते	ऽ	रे	ऽ	ना	ऽ	ऽ	म

अंतरा–1

X				0				X				0			
सां	–	सां	रें	सां	नि	नि	ध	ध	ध	नि	रें	सां	–	–	सां
ई	ऽ	श्व	र	ब्र	ऽ	ह्मा	ऽ	ह	रि	घ	न	श्या	ऽ	ऽ	म
सां	–	सां	रें	सां	नि	नि	ध	ध	–	नि	रें	सां	–	–	सां
शं	ऽ	क	र	वि	ऽ	ष्णु	ऽ	तू	ऽ	ही	ऽ	रा	ऽ	ऽ	म
ध	–	ध	म	म	ध	नि	सां	ध	प	म	ग	म	–	ग	सा
गा	ऽ	ओ	ऽ	मं	ऽ	ग	ल	कृ	ष्	ण	के	ना	ऽ	ऽ	म
सा	म	म	म	म	प	म	ग	ग	म	प	म	प	–	–	प
कृ	ष्	ण	क	न्है	ऽ	या	ऽ	रा	ऽ	धे	ऽ	श्या	ऽ	ऽ	म

राग खमाज, तीन ताल

एक से दूजा ।

स्थायी : एक से दूजा दीप जलाओ, परंपरा की रीत चलाओ ।।

अंतरा : 1. मन अंधियारा दूर भगाओ, चाँद जीवन में चार लगाओ ।।

2. जगमग आभा तन में जगाओ, ज्ञान ज्योति मन से न बुझाओ ।।

स्थायी

0				3				X				2			
सांनि	सां	नि	नि	धप	ध	म	ग	ग	म	प	ध	नि	–	सां	–
एऽ	ऽ	क	से	दूऽ	ऽ	जा	ऽ	दी	ऽ	प	ज	ला	ऽ	ओ	ऽ
सां	गं	–	मं	गं	रें	नि	सां	प	नि	सां	रें	सांनि	सां	नि	ध
प	रं	ऽ	प	रा	ऽ	की	ऽ	री	ऽ	त	च	लाऽ	ऽ	ओ	ऽ
सांनि	सां	नि	नि	धप	ध	म	ग	ग	म	प	ध	नि	–	सां	–
एऽ	ऽ	क	से	दूऽ	ऽ	जा	ऽ	दी	ऽ	प	ज	ला	ऽ	ओ	ऽ

अंतरा-1

0				3				X				2			
ग	म	ध	नि	सां	–	सां	–	प	नि	सां	रें	निरें	सां	नि	ध
म	न	अं	धि	या	ऽ	रा	ऽ	दू	ऽ	र	भ	गाऽ	ऽ	ओ	ऽ
सां	–	गं	मं	गं	रें	नि	सां	प	नि	सां	रें	सांनि	सां	नि	ध
चाँ	ऽ	द	जी	व	न	में	ऽ	चा	ऽ	र	ल	गाऽ	ऽ	ओ	ऽ
सांनि	सां	नि	नि	धप	ध	म	ग	ग	म	प	ध	नि	–	सां	–
एऽ	ऽ	क	से	दूऽ	ऽ	जा	ऽ	दी	ऽ	प	ज	ला	ऽ	ओ	ऽ

स्थायी तान : एक से दूजा ऽ

1. गम पम पध निसां । निध पम गरे सा–

एक से दूजा ऽ

2. गम पध निसां रेंसां । निध पम गरे सा–

अंतरा तान : मन अंधि

1. गम धनि सांगं रेंसां । निध पम पध निसां । निध पम गरे सा–

मन अंधियारा दूर भ

2. गम पध निसां धनि । सांगं मंगं रेंसां निध । पध पम गरे सा–

गम धनि सां– गम । धनि सां– गम धनि

खेलत राधा नंदकिशोर – कहरवा ताल

स्थायी : खेलत राधा नंद किशोर, नंद किशोर सखि नंद किशोर ।
गोकुल वाला माखन चोर ।।

अंतरा :
1. ग्वालिन राधा, झूलत झूला, आनंद चारों ओर ।।
2. बाँसुरी की धुन, सुनत गोपिका, नाचत मन का मोर ।।
3. गोप सुदामा अरु बलरामा, गावत सुधबुध छोड़ ।।
4. बांधत नटखट मात यशोदा, टूटी जावे डोर ।।
5. सावन बरखा, रिमझिम बरसत, काली घटा घन घोर ।।

स्थायी

X				0				X				0			
म	प	म	ग	म	–	प	–	नि	ध	प	म	म	–	–	म
खे	ऽ	ल	त	रा	ऽ	धा	ऽ	नं	ऽ	द	कि	शो	ऽ	ऽ	र
ध	–	नि	नि	ध	–ध	प	म	ध	प	धसां	नि	ध	–	प	म
नं	ऽ	द	कि	शो	ऽर	स	खि	नं	ऽ	दऽ	कि	शो	ऽ	ऽ	र
म	प	म	ग	म	–	प	–	नि	ध	प	म	म	–	–	म
गो	ऽ	कु	ल	वा	ऽ	ला	ऽ	मा	ऽ	ख	न	चो	ऽ	ऽ	र
म	प	म	ग	म	–	प	–	नि	ध	प	म	म	–	–	म
खे	ऽ	ल	त	रा	ऽ	धा	ऽ	नं	ऽ	द	कि	शो	ऽ	ऽ	र

अंतरा–1

X				0				X				0			
–	मप	नि	नि	सां	–	सां	–	–	सां	–सां	सां	नि	सां	नि	ध
ऽ	ग्वाऽ	लि	न	रा	ऽ	धा	ऽ	ऽ	झू	ऽल	त	झू	ऽ	ला	ऽ
–	ध	ध	ध	ध	प	ध	सां	नि	–	ध	–	प	–	म	–
ऽ	आ	नं	द	चा	ऽ	रों	ऽ	ओ	ऽ	ऽ	ऽ	ऽ	ऽ	र	ऽ
–	ध	ध	ध	ध	प	ध	सां	नि	–	–	–	ध	–	प	म
ऽ	आ	नं	द	चा	ऽ	रों	ऽ	ओ	ऽ	ऽ	ऽ	ऽ	ऽ	ऽ	र
म	प	म	ग	म	–	प	–	नि	ध	प	म	म	–	–	म
खे	ऽ	ल	त	रा	ऽ	धा	ऽ	नं	ऽ	द	कि	शो	ऽ	ऽ	र

संगीतश्रीकृष्णरामायण गीतमाला, पुष्प 100 of 763

भजन : राग मिश्र, तीन ताल 16 मात्रा

श्याम सुंदर

स्थायी : आयो री सखी, श्याम सुंदर घर आयो ।

अंतरा : 1. माखन खावत, नेहा लगावत । कान्हा मोरे मन भायो ।।

2. छुप छुप के सखी, जाने कब आयो । आपन खायो, खिलायो ।।

3. लटकी ऊँची, दधि की गगरिया । लकुटिया मार, गिरायो ।।

4. बोले माखन, मैं नहीं खायो । मेरे मुख, लिपटायो ।।

5. भोली सूरत, डारत जादू, मनवा मोरा, भरमायो ।।

स्थायी

	0				X				0				X			
म	मप	प	म	ग	–	सांनि	नि	नि	ध	म	–प	ध	म	–	म	म
आ	योऽ	री	स	खी	ऽ	श्याऽ	म	सुं	द	र	ऽघ	र	आ	ऽ	यो	आ
	मध	पध	म	ग	–	सांनि	नि	नि	ध	म	–प	ध	म	–	म	–
	योऽ	रीऽ	स	खी	ऽ	शाऽ	म	सुं	द	र	ऽघ	र	आ	ऽ	यो	ऽ

अंतरा–1

X				0				X				0			
–	म	–ध	नि	सां	–	सां	सां	–	नि	–नि	सां	ध	सां	नि	ध
ऽ	मा	ऽख	न	खा	ऽ	व	त	ऽ	ने	ऽहा	ल	गा	ऽ	व	त
–	म	–ध	नि	सांनि	रें	सां	सां	–	नि	–नि	सां	ध	सां	नि	ध
ऽ	मा	ऽख	न	खाऽ	ऽ	व	त	ऽ	ने	ऽहा	ल	गा	ऽ	व	त
–	नि	–नि	नि	निरें	सां	निध	प	नि	–	ध	म	मध	पध	म	ग
ऽ	का	ऽन्हा	मो	रेऽ	ऽ	मऽ	न	भा	ऽ	यो	आ	योऽ	रीऽ	स	खी

अंतरा–2

X				0				X				0			
–	सांसां	सां	सां	सां	–	सां	सां	–	नि	–नि	सां	ध	सां	नि	ध
ऽ	छुप	छु	प	के	ऽ	स	खी	ऽ	जाने	ऽक	ब	आ	ऽ	यो	ऽ
–	मम	ध	नि	सांनि	रें	सां	सां	–	नि	–नि	सां	ध	सां	नि	ध
ऽ	छुप	छु	प	केऽ	ऽ	स	खी	ऽ	जाने	ऽक	ब	आ	ऽ	यो	ऽ
–	नि	नि	नि	निरें	सां	निध	प	नि	–	ध	म	मध	पध	म	ग
ऽ	आ	प	न	खाऽ	ऽ	योऽ	खि	ला	ऽ	यो	आ	योऽ	रीऽ	स	खी

कीर्तन – कहरवा ताल

श्याम सलोना ।

स्थायी : श्याम सलोना नंद गोपाला, रंग साँवला हरि ब्रज बाला ।।

अंतरा : 1. सिर पर मोर मुकुट है डाला, गिरिधर काली कमली वाला,
पग में पायल गल बन माला ।।

2. गौवन पाला गोकुल ग्वाला, मोहन प्यारा है मतवाला,
दधि माखन को चुराने वाला ।।

3. राधे गोविंदा मुरली वाला, नंद का नंदन श्यामल काला,
गोप गोपी का प्रिय मतवाला ।।

स्थायी

X				0				X				0			
सा	–	ग	प	म	–	ग	सा	ग	नि़	–	नि़	सा	–	सा	–
श्या	ऽ	म	स	लो	ऽ	ना	ऽ	नं	द	ऽ	गो	पा	ऽ	ला	ऽ
प	–	प	प	नि	म	प	–	मम	ग	सा	सा	ग	म	म	–
रं	ऽ	ग	साँ	ऽ	व	ला	ऽ	हरि	ब्र	ऽ	ज	बा	ऽ	ला	ऽ
सा	–	ग	प	म	–	ग	सा	ग	नि़	–	नि़	सा	–	सा	–
श्या	ऽ	म	स	लो	ऽ	ना	ऽ	नं	द	ऽ	गो	पा	ऽ	ला	ऽ

अंतरा–1

X				0				X				0			
प	प	प	ध	ध	नि	नि	नि	ध	नि	प	ध	ध	नि	नि	–
सि	र	प	र	मो	ऽ	र	मु	कु	ट	है	ऽ	डा	ऽ	ला	ऽ
प	प	प	ध	ध	नि	नि	–	ध	नि	प	ध	ध	नि	नि	–
गि	रि	ध	र	का	ऽ	ली	ऽ	क	म	ली	ऽ	वा	ऽ	ला	ऽ
प	प	प	ध	नि	सां	सां	सां	सां	नि	रें	सां	ध	–	प	–
प	ग	में	ऽ	पा	ऽ	य	ल	ग	ल	ब	न	मा	ऽ	ला	ऽ
सा	–	ग	प	म	–	ग	सा	ग	नि़	–	नि़	सा	–	सा	–
श्या	ऽ	म	स	लो	ऽ	ना	ऽ	नं	द	ऽ	गो	पा	ऽ	ला	ऽ

भजन : राग काफी, कहरवा ताल 8 मात्रा

होली गीत

स्थायी : सखी नंद होली का न्यारा, चले रंग रंग की धारा ।
आनंद होली का प्यारा, करे अंग अंग मतवारा ।।

अंतरा : 1. हरि आज होली की बेला, लो पिचकारी ब्रजबाला ।
राधा के रंग में रंग रंग लो, नंद नंद गोविंदा (ओ!) ।।

2. जिस रंग में राधा रंगी, कान्हा है जीवन संगी ।
होली के गीत हैं गात गोपिका, साथ बाँसुरी वाला (ओ!) ।।

3. सखी व्रज में मोद की वर्षा, और आज हर्ष की चर्चा ।
कान्हा के रंग में रंगी राधिका, कंज कंज व्रज सारा (ओ!) ।।

स्थायी

	X				0				X				0			
नि नि	नि	-	नि	नि	-	नि	ध	प	ध	-	-	-	प	-	म	ग
स खी	नं	ऽ	द	हो	ऽ	ली	का	ऽ	न्या	ऽ	ऽ	ऽ	रा	ऽ	च	ले
	म	प	प	प	-	प	म	ग	म	-	-	-	म	-	नि	-
	रं	ऽ	ग	रं	ऽ	ग	की	ऽ	धा	ऽ	ऽ	ऽ	रा	ऽ	आ	ऽ
	नि	-	नि	नि	-	नि	ध	प	ध	-	-	-	प	-	म	ग
	नं	ऽ	द	हो	ऽ	ली	का	ऽ	प्या	ऽ	ऽ	ऽ	रा	ऽ	क	रे
	म	प	प	प	-	प	म	ग	म	-	-	-	म	-	नि	नि
	अं	ऽ	ग	अं	ऽ	ग	म	त	वा	ऽ	ऽ	ऽ	रा	ऽ	स	खी

अंतरा-1

	X				0				X				0			
म म	नि	प	प	नि	-	नि	नि	-	सां	-	-	-	सां	-	नि	ध
ह रि	आ	ऽ	ज	हो	ऽ	ली	की	ऽ	बे	ऽ	ऽ	ऽ	ला	ऽ	लो	ऽ
	नि	रें	रें	-	रें	-	गं	रें	सां	-	-	-	सां	-	सां	-
	पि	च	का	ऽ	री	ऽ	ब्र	ज	बा	ऽ	ऽ	ऽ	ला	ऽ	रा	ऽ
	रें	नि	नि	नि	-	नि	नि	-	सां	ध	ध	ध	-	ध	प	ध
	धा	ऽ	के	रं	ऽ	ग	में	ऽ	रं	ऽ	ग	रं	ऽ	ग	लो	ऽ
	नि	-	ध	प	-	प	म	ग	म	-	-	-	म	सां	नि	नि
	नं	ऽ	द	नं	ऽ	द	गो	ऽ	विं	ऽ	ऽ	ऽ	दा	ओ	स	खी

संगीतश्रीकृष्णरामायण गीतमाला, पुष्प 121 of 763

राग होरी खमाज, ताल धमार

होरी खेड़त है कान्हा ।

स्थायी : होरी खेड़त मेरो कान्हा, ब्रज में । रंग धमार है आज, ब्रज में ।।

अंतरा : 1. ग्वालिन राधा नाच नचत है । लाल गाल में लाज लजत है ।
पिचकारी की धार, ब्रज में ।।

2. बाल बाला झूला झुलत हैं । गोप नंद में गोल घुमत हैं ।
रंगन की बौछार, ब्रज में ।।

स्थायी

0			3				x					2	
सा	ग	म	प	ध	नि	रेंसां	नि	ध	प	ग	म	ग	–
हो	री	खे	ल	त	मे	रोऽ	का	ऽ	न्हा	ब्र	ज	में	ऽ
म	ग	सा	नि़	ध़	सा	सा	सा	ग	म	प	ध	म	ग
रं	ग	ध	मा	ऽ	र	है	आ	ऽ	ज	ब्र	ज	में	ऽ
सा	ग	म	प	ध	नि	रेंसां	नि	ध	प	ग	म	ग	–
हो	री	खे	ल	त	मे	रोऽ	का	ऽ	न्हा	ब्र	ज	में	ऽ

अंतरा–1

0			3				x					2	
म	निध	नि	सां	नि	सां	–	नि	सां	सां	नि	सां	नि	ध
ग्वा	लिऽ	न	रा	ऽ	धा	ऽ	ना	च	न	च	त	है	ऽ
म	निध	नि	सां	–	नि	सां	नि	सां	सां	नि	सां	नि	ध
ला	ऽऽ	ल	गा	ऽ	ल	में	ला	ज	ल	ज	त	है	ऽ
ग	ग	म	प	ध	निरें	सां	नि	ध	प	ग	म	ग	–
पि	च	का	री	ऽ	कीऽ	ऽ	धा	ऽ	र	ब्र	ज	में	ऽ
म	ग	सा	नि़	ध़	सा	सा	सा	ग	म	प	ध	म	ग
रं	ग	खे	ल	त	मे	रोऽ	का	ऽ	न्हा	ब्र	ज	में	ऽ

संगीतश्रीकृष्णरामायण गीतमाला, पुष्प 122 of 763

होरी : दीपचंदी ताल, 14 मात्रा

खेड़त होरी किशन मुरारि ।

स्थायी : सखी संग खेड़त होरी, देखो किशन मुरारि ।

अंतरा : 1. चलावे पिचकारी हो कृषण कन्हाई, देखे यशोदा माई ।
लाल गुलाली उड़े रंग की धारी, कहे राधा मैं तो, हारी हारी ।।

2. बजावे बाँसुरी हो कृषण कन्हैया, सुनै है यशोदा मैया ।
बलदाऊ सुदामा बजावै ताड़ी, संग गोप गोपी, बारी बारी ।।

3. पनिया भरन चली लिये गगरिया, हो राधा ग्वालनिया ।
जमुना तट पर सुंदर प्यारी, ये श्याम की श्यामा, प्यारी प्यारी ।।

स्थायी

X			2				0			3			
सा	सा	–	रे	–	रे	–	रे	ग	–	म	प	म	–
स	खी	ऽ	सं	ऽ	ग	ऽ	खे	ऽ	ऽ	ड़	ऽ	त	ऽ
प	–	–	प	–	–	–	म	नि	प	ग	–	रे	सा
हो	ऽ	ऽ	री	ऽ	ऽ	ऽ	हो	ऽ	ऽ	री	ऽ	ऽ	ऽ
सा	सा	–	रे	–	रे	–	रे	ग	–	म	प	म	–
स	खी	ऽ	सं	ऽ	ग	ऽ	खे	ऽ	ऽ	ड़	ऽ	त	ऽ
प	–	–	प	–	–	–	–	–	–	ग	–	म	–
हो	ऽ	ऽ	री	ऽ	ऽ	ऽ	ऽ	ऽ	ऽ	दे	ऽ	खो	ऽ
प	ध	प	पध	नि	ध	प	म	प	–	ग	–	रे	सा
कृ	ष	ऽ	णऽ	ऽ	मु	ऽ	रा	ऽ	ऽ	रि	ऽ	ऽ	ऽ
सा	सा	–	रे	–	रे	–	रे	ग	–	म	प	म	–
स	खी	ऽ	सं	ऽ	ग	ऽ	खे	ऽ	ऽ	ड़	ऽ	त	ऽ
नि	प	–	प	–	–	–	–	–	–	–	–	–	–
हो	ऽ	ऽ	री	ऽ	ऽ	ऽ	ऽ	ऽ	ऽ	ऽ	ऽ	ऽ	ऽ

अंतरा–1

X			2				0			3			
रें	रें	–	रें	–	रें	रें	रें	मं	गं	गं	–	गं	रें
च	ला	ऽ	वे	ऽ	पि	च	का	ऽ	ऽ	री	ऽ	हो	ऽ
सां	रें	–	नि	–	प	–	नि	सां	–	रें	–	–	–
कृ	ष	ऽ	न	ऽ	क	ऽ	न्हा	ऽ	ऽ	ई	ऽ	ऽ	ऽ
सां	रें	–	नि	–	नि	–	ध	–	–	म	–	प	–
दे	ऽ	ऽ	खे	ऽ	य	ऽ	शो	ऽ	ऽ	दा	ऽ	ऽ	ऽ
नि	–	–	–	–	ध	नि	सां	–	–	–	–	–	–
मा	ऽ	ऽ	ऽ	ऽ	ऽ	ऽ	ई	ऽ	ऽ	ऽ	ऽ	ऽ	ऽ
सां	–	–	नि	–	ध	–	ध	–	–	ध	–	–	–
ला	ऽ	ऽ	ल	ऽ	गु	ऽ	ला	ऽ	ऽ	ली	ऽ	ऽ	ऽ
ध	ध	–	नि	–	सां	–	रें	नि	–	ध	–	प	–
उ	ड़े	ऽ	रं	ऽ	ग	ऽ	की	ऽ	ऽ	धा	ऽ	री	ऽ
ग	म	–	ध	–	ध	–	ध	ध	–	ध	–	–	–
ला	ऽ	ऽ	ल	ऽ	गु	ऽ	ला	ऽ	ऽ	ली	ऽ	ऽ	ऽ

ध	ध	–	नि	–	सां	–	रें	नि	–	ध	–	प	–
उ	ड़े	ऽ	रं	ऽ	ग	ऽ	की	ऽ	ऽ	धा	ऽ	री	ऽ
नि	नि	–	नि	–	नि	–	नि	सां	–	सां	–	–	–
क	हे	ऽ	रा	ऽ	धा	ऽ	मैं	ऽ	ऽ	तो	ऽ	ऽ	ऽ
नि	सां	–	सां	–	–	रें	नि	ध	–	ग	–	म	–
हा	ऽ	ऽ	री	ऽ	ऽ	ऽ	हा	ऽ	ऽ	री	ऽ	ऽ	ऽ
ध	प	–	पध	नि	ध	प	म	प	–	ग	–	रे	सा
रं	ऽ	ऽ	गऽ	ऽ	की	ऽ	धा	ऽ	ऽ	री	ऽ	ऽ	ऽ

संगीतश्रीकृष्णरामायण गीतमाला, पुष्प 125 of 763

खयाल : राग वृंदावनी सारंग, तीन ताल 16 मात्रा

छम छम घुँघरू ।

स्थायी : छम छम घुँघरू पायल बाजे, बंसी सुंदर संग में साजे ।

अंतरा : 1. नंद का नंदन रास रचावे, राधा दीवानी ठुमक ठुमक कर नाचे ।

2. वृंदावन की कुंज गलिन को, चाँद चाँदनी चमचम चमकावे ।

स्थायी

0				3				X				2			
सां	सां	सांरें	सांनि	पनि	पम	रे	सा	म	रे	प	म	प	–	रेम	पनि
छ	म	छऽ	मऽ	घुँऽ	घऽ	रू	ऽ	पा	ऽ	प	ल	बा	ऽ	जेऽ	ऽऽ
सां	सां	सांरें	सांनि	पनि	पम	रे	सा	म	रे	प	म	प	–	प	–
छ	म	छऽ	मऽ	घुँऽ	घऽ	रू	ऽ	पा	ऽ	य	ल	बा	ऽ	जे	ऽ
म	प	सांरें	निसां	नि	–	पम	प	रे	म	नि	पम	रे	–	सा	–
बं	ऽ	सीऽ	ऽऽ	सुं	ऽ	दऽ	र	सं	ऽ	ग	मेंऽ	सा	ऽ	जे	ऽ
सां	सां	सांरें	सांनि	पनि	पम	रे	सा	म	रे	प	म	प	–	रेम	पनि
छ	म	छऽ	गऽ	घुँऽ	घऽ	रू	ऽ	पा	ऽ	य	ल	बा	ऽ	जेऽ	ऽऽ

अंतरा–1

X				2				0				3			
म	–	प	प	नि	प	नि	नि	सां	–	सां	सां	नि	–	सां	–
नं	ऽ	द	का	नं	ऽ	द	न	रा	ऽ	स	र	चा	ऽ	वे	ऽ
नि	सां	रें	रें	मं	–	रें	सां	नि	सां	रें	सां	नि	सां	नि	प
रा	ऽ	धा	दी	वा	ऽ	नी	ऽ	ठु	म	क	ठु	म	क	क	र
मप	निसां	रेंमं	पंमं	रेंसां	निसां	निप	मप	सां	सां	सांरें	सांनि	पनि	पम	रे	सा
नाऽ	ऽऽ	ऽऽ	ऽऽ	ऽऽ	चेऽ	ऽऽ	ऽऽ	छ	म	छऽ	मऽ	घुँऽ	घऽ	रू	ऽ

संगीतश्रीकृष्णरामायण गीतमाला, पुष्प 143 of 763

भजन : राग देस, कहरवा ताल 8 मात्रा

सरस्वती वंदना ।

स्थायी : झनन झन वीणा की झनकार, हटाए भगतन का मन भार ।।

अंतरा : 1. मंगल सुंदर गान तिहारे, आकर दो दीदार ।
नयनन प्यासे प्यास बुझावे, पावन रूप तिहार ।।

2. ज्ञान की देवी दान कला का, परम तेरा उपकार ।
रूप सलोना हाथ में वीणा, शारद नाम तिहार ।।

3. जीवन ये संगीत सुहाना, गीत करो साकार ।
माँ ममता का दीप जगाके, दूर करो अंधकार ।।

स्थायी

	0				X				0				X			
प	मग	रे	ग	सा	–	मरे	–	म	प	–	ध	नि	ध	प	प	प
झ	नऽ	न	झ	न	ऽ	वीऽ	ऽ	णा	की	ऽ	झ	न	का	ऽ	र	ह
	मग	रे	ग	सा	–	मरे	म	म	प	–	ध	नि	ध	प	प	प
	टाऽ	ऽ	ए	ऽ	ऽ	भग	त	न	का	ऽ	म	न	भा	ऽ	र	झ
	मग	रे	ग	सा	–	मरे	–	म	प	–	ध	नि	ध	प	प	–
	नऽ	न	झ	न	ऽ	वीऽ	ऽ	णा	की	ऽ	झ	न	का	ऽ	र	ऽ

अंतरा-1

X				0				X				0			
–	निध	पम	म	प	–	प	प	–	निध	म	म	प	–	प	–
ऽ	मंऽ	ग	ल	सुं	ऽ	द	र	ऽ	गाऽ	न	ति	हा	ऽ	रे	ऽ
–	मप	नि	नि	नि	सां	रें	नि	सां	–	–	प	नि	–	म	प
ऽ	आऽ	क	र	दो	ऽ	दी	ऽ	दा	ऽ	ऽ	ऽ	ऽ	ऽ	ऽ	र
–	मप	नि	नि	नि	सां	रें	नि	सां	–	–	–	–	–	–	सां
ऽ	आऽ	क	र	दो	ऽ	दी	ऽ	दा	ऽ	ऽ	ऽ	ऽ	ऽ	ऽ	र
–	पप	नि	सां	रें	–	रें	–	–	सां–	रें	गं	नि	–	सां	–
ऽ	नय	न	न	प्या	ऽ	से	ऽ	ऽ	प्याऽ	स	बु	झा	ऽ	वे	ऽ
–	नि	नि	नि	नि	–	सां	रें	सां	–	–	प	नि	–	म	प
ऽ	पा	व	न	रू	ऽ	प	ति	हा	ऽ	ऽ	ऽ	ऽ	ऽ	ऽ	र
–	नि	नि	नि	नि	–	सां	रें	नि	ध	प	ध	मग	रे	ग	सा
ऽ	पा	व	न	रू	ऽ	प	ति	हा	ऽ	र	झ	नऽ	न	झ	न

भजन : राग काफी, कहरवा ताल 8 मात्रा

कृष्ण जनमदिन ।

स्थायी : झनक झनक झन्, रैना सारी बाजे, पायल की झनकार री ।
सखी राधा के मन प्यार री ।।

अंतरा : 1. जनम दिन है आज हरि का, वृंदावन त्यौहार री ।
गल फूलन के हार हैं डारे, लाल पीले रंग दार री ।
सारी कुंज गलिन में, हरि की जै जै कार री ।।

2. मोर मुकुट है शीश पे धारे, बंसीधर गोपाल री ।
कर में मुरली नैन हैं कारे, तिलक चंदन लाल री ।
आज राधा से मिलने, मनवा है बेकरार री ।।

स्थायी

X				0				X				0			
नि	ध	प	नि	ध	प	प	–	म	–	नि	प	ग	रे	सा	नि़
झ	न	क	झ	न	क	झन्	ऽ	रै	ऽ	ना	ऽ	सा	री	बा	जे
सा	–	रे	रे	ग	–	म	म	प	–	–	म	ग	रे	सा	नि़
पा	ऽ	य	ल	की	ऽ	झ	न	का	ऽ	ऽ	र	री	ऽ	स	खी
सा	–	रे	–	ग	–	म	म	पध	नि	–	प	ग	रे	सा	नि़
रा	ऽ	धा	ऽ	के	ऽ	म	न	प्याऽ	ऽ	ऽ	र	री	ऽ	बा	जे
सा	–	रे	रे	ग	–	म	म	प	–	–	–	–	प	–	–
पा	ऽ	य	ल	की	ऽ	झ	न	का	ऽ	ऽ	ऽ	ऽ	र	ऽ	ऽ

अंतरा–1

X				0				X				0			
–	म	म	म	प	प	नि	–	–	निसां	नि	प	निसां	रें	रें	–
ऽ	ज	न	म	दि	न	है	ऽ	ऽ	आऽ	ज	ह	रिऽ	ऽ	का	ऽ
–	सां	रें	सांनि	ध	ध	म	प	नि	–	–	नि	सां	–	–	–
ऽ	वृं	ऽ	दा	व	न	त्यौ	ऽ	हा	ऽ	ऽ	र	री	ऽ	ऽ	ऽ
–	सांनि	ध	प	ध	ध	ध	–	–	धध	नि	सां	नि	–	ध	प
ऽ	गल	फू	ऽ	ल	न	के	ऽ	ऽ	हार	हैं	–	डा	ऽ	रे	ऽ
–	नि	नि	नि	नि	–	सां	रें	सां	–	–	प	प	–	प	प
ऽ	ला	ल	पी	ले	ऽ	रं	ग	दा	ऽ	ऽ	र	री	ऽ	सा	री
म	–	नि	प	ग	रे	सा	–	–	सासा	रे	–	ग	–	म	–
कुं	ऽ	ज	ग	लि	न	में	ऽ	ऽ	हरि	की	ऽ	जै	ऽ	जै	ऽ
प	–	–	म	ग	रे	सा	नि़	सा	–	रे	रे	ग	–	म	म
का	ऽ	ऽ	र	री	ऽ	बा	जे	पा	ऽ	य	ल	की	ऽ	झ	न

पध	नि	–	प	ग	रे	सा	नि़	सा	–	रे	रे	ग	–	म	म
काऽ	ऽ	ऽ	र	री	ऽ	बा	जे	पा	ऽ	य	ल	की	ऽ	झ	न
प	–	–	–	–	प	–	–								
का	ऽ	ऽ	ऽ	ऽ	र	ऽ	ऽ								

संगीतश्रीकृष्णरामायण गीतमाला, पुष्प 146 of 763

खयाल : राग वृदावनी सारंग, तीन ताल 16 मात्रा

कंगन खन खन ।

स्थायी : कंगन खन खन गूँज रचायो, सुन धुन मेरो जीया हरषायो ।।

अंतरा : 1. घूँघर बोलत कुंडल डोलत, पायल छम छम धूम मचायो ।।

2. सुंदर सूरत मंगल मूरत, झाँझन झन झन धुन बजायो ।।

स्थायी

0				3				X				2			
पनि	सां	नि	प	म	प	नि	नि	सां	–	नि	प	रेम	पम	रे	सा
कंऽ	ऽ	ग	न	ख	न	ख	न	गूँ	ऽ	ज	र	चा	ऽऽ	यो	ऽ
नि़	नि़	सा	सा	रे	–	सा	–	रे	म	पनि	पम	रे	–	सा	–
सु	न	धु	न	मे	ऽ	रो	ऽ	जी	या	हऽ	रऽ	षा	ऽ	यो	ऽ
पनि	सां	नि	प	म	प	नि	नि	सां	–	नि	प	रेम	पम	रे	सा
कंऽ	ऽ	ग	न	ख	न	ख	न	गूँ	ऽ	ज	र	चा	ऽऽ	यो	ऽ

अंतरा–1

0				3				X				2			
म	–	प	प	नि	प	नि	नि	सां	–	सां	सां	रें	–	सां	सां
घूँ	ऽ	घ	र	बो	ऽ	ल	त	कुं	ऽ	ड	ल	डो	ऽ	ल	त
नि	सां	रें	मं	पं	मं	रें	सां	नि	सां	रें	सां	नि	सां	नि	प
पा	ऽ	य	ल	छ	म	छ	म	धू	ऽ	म	म	चा	ऽ	यो	ऽ
पनि	सां	नि	प	म	प	नि	नि	सां	–	नि	प	रेम	पम	रे	सा
कंऽ	ऽ	ग	न	ख	न	ख	न	गूँ	ऽ	ज	र	चा	ऽऽ	यो	ऽ

स्थायी तान : कंगन खन खन

1. नि़सा रेम पनि सां– । पनि पम रेसा नि़सा

कंगन

2. नि़सा रेम रेसा नि़सा । निसां रेंमं रेंसां निसां । निनि पम रेसा नि़सा

अंतरा तान : घूँघर बोलत कुंडल डोलत

1. रेम पनि सांनि पम । पनि पम रेसा नि़सा । निसां रेंमं रेंसां निसां ।
पनि पम रेसा नि़सा

घूँघर बोलत

2. सारे मम रेम पप । मप निनि पनि सांसां । निसां रेंरें मंमं रेंसां ।
रेंरें सांनि सांसा निप । निनि पम पप मरे । मम रेसा निसा रेम ।
पनि सां– निनि सां– । निसां रेम पनि सां– । निनि सां– निसा रेम ।
पनि सां– निनि सां–

संगीतश्रीकृष्णरामायण गीतमाला, पुष्प 147 of 763

राग मालकौंस : तीन ताल 16 मात्रा

दिल धड़क धड़क बोले ।

स्थायी : दिल धड़क धड़क बोले मेरो, अजि कहने दो जो कहना हो ।
मुझे अपने दिल का कोना दो ।।

अंतरा : 1. गीत पुराना याद आता हो, दिल से दिल का नाता हो ।
अजि, बात तिहारी एक नज़र की, फेर के मुख रुख़ यों ना दो ।।

2. रात गुजारी दीवाने ने, बैठ शमा पर परवाने ने ।
आज तुम्हारे साथ जलूँ मैं, मीत को तुम दुख यों ना दो ।।

स्थायी

		X				2				0				3			
ध	नि	गं	सां	सां	गं	सां	सां	नि	ध	निध	म	सांनि	धनि	धनि	सां	सां	सां
दि	ल	ध	ड़	क	ध	ड़	क	बो	ऽ	लेऽ	ऽ	मेऽ	ऽऽ	रोऽ	ऽ	अ	जि
		सां	सां	नि	ध	नि	–	ध	म	ध	ध	म	ग	म	–	ग	सा
		क	ह	ने	ऽ	दो	ऽ	जो	ऽ	क	ह	ना	ऽ	हो	ऽ	मु	झे
		नि	सा	ग	म	ध	ध	ग	म	गम	धनि	सांगं	सांनि	धनि	सां–	ध	नि
		अ	प	ने	ऽ	दि	ल	का	ऽ	कोऽ	ऽऽ	ऽऽ	नाऽ	ऽऽ	दोऽ	दि	ल

अंतरा–1

X				2				0				3			
ग	–	म	म	ध	–	नि	–	सां	–सां	सां	–	सां	नि	सां	–
गी	ऽ	त	पु	रा	ऽ	ना	ऽ	या	ऽद	आ	ऽ	ता	ऽ	हो	ऽ
सां	सां	सां	–	सां	सां	नि	ध	म	ध	नि	–	ध	नि	ध	म
दि	ल	से	ऽ	दि	ल	का	ऽ	ना	ऽ	ता	ऽ	हो	ऽ	अ	जि
ध	नि	सां	मं	गं	सां	सां	–	गं	–	नि	नि	सां	सां	सां	–
बा	ऽ	त	ति	हा	ऽ	री	ऽ	ए	ऽ	क	न	ज़	र	की	ऽ
सां	मं	गं	सां	सां	सां	नि	नि	धनि	सांगं	सांगं	सांनि	धनि	सां–	ध	नि
फे	ऽ	र	के	मु	ख	रु	ख़	योंऽ	ऽऽ	नाऽ	ऽऽ	दोऽ	ऽऽ	दि	ल

स्थायी तान : दिल धड़क धड़क

1. सा॒ग॒ म॒ध॒ नि॒सां॒ ध॒नि॒ । सां॒नि॒ ध॒म॒ ग॒म॒ ग॒सा॒
दिल धड़क धड़क

2. ग॒म॒ ध॒नि॒ सां॒ध॒ नि॒सां॒ । ध॒नि॒ सां॒नि॒ ध॒म॒ ग॒सा॒

अंतरा तान : गीत पुराना याद आता हो ऽ

1. सासा ग॒ग॒ सासा मम । ग॒ग॒ मम ग॒ग॒ ध॒ध॒ ।
मम ध॒ध॒ मम नि॒नि॒ । ध॒ध॒ नि॒नि॒ ध॒ध॒ सांसां
गीत पुराना याद आता हो ऽ

2. सांसां नि॒ध॒ नि॒नि॒ ध॒म॒ । ध॒ध॒ म॒ग॒ मम ग॒सा॒ । सा॒ग॒ मम ग॒म॒ ध॒ध॒ । म॒ध॒ नि॒नि॒ ध॒नि॒ सांसां ।
सां॒नि॒ ध॒म॒ ग॒म॒ ग॒सा॒ । ग॒म॒ ध॒नि॒ सां- सां- । ग॒म॒ ध॒नि॒ सां- सां- । ग॒म॒ ध॒नि॒ सां- सां-

संगीतश्रीकृष्णरामायण गीतमाला, पुष्प 149

चटनी : राग मालकौंस, कहरवा ताल 8 मात्रा

हाय रे! अदा तेरी ।

स्थायी : हाय रे! अदा तोरी क़ातिल, ओऽ बरसाने की रधिया! ।

अंतरा : 1. मुड़ मुड़ काहे को, मारे नज़रिया ।
काट करजवा को लेगयी, होऽ गोरी ग्वालिन गुड़िया ।।

2. चुप चुप जाऊँ मैं जमुना की नदिया,
मार कंकरिया वो फोरी, होऽ कान्हा मोरी गगरिया ।।

3. नट खट आयो री मोरी डगरिया,
धरके कलाई बरजोरी, होऽ कीनी रार कनईया ।।

स्थायी

X				0				X				0			
-	मम	प	प	प	-	प	ध	म	-	प	प	नि॒	-	ध	प
ऽ	हाय	रे	अ	दा	ऽ	तो	री	क़ा	ऽ	ति	ल	ओ	ऽ	ब	र
ध	-	पध	प	म	म	म	-	-	मम	प	प	प	-	प	ध
सा	ऽ	नेऽ	की	र	धि	या	ऽ	ऽ	हाय	रे	अ	दा	ऽ	तो	री
-	म	प	प	नि॒	-	ध	प	ध	-	पध	प	म	म	म	-
ऽ	क़ा	ति	ल	ओ	ऽ	ब	र	सा	ऽ	नेऽ	की	र	धि	या	ऽ
-	प	नि॒	नि॒	सां	-	सां	सां	-	सां	सां	सां	सां॒रें	गं॒	रें	सां
ऽ	हाय	रे	अ	दा	ऽ	तो	री	ऽ	क़ा	ति	ल	ओ	ऽ	ब	र
सां	रें	सां॒रें	सां	नि॒	नि॒	ध	प	-	मम	प	प	प	-	प	ध
सा	ऽ	नेऽ	की	र	धि	या	ऽ	ऽ	हाय	रे	अ	दा	ऽ	तो	री

अंतरा–1

X				0				X				0			
–	पप	नि	नि	सां	–	सां	सां	सां	नि	रें	सां	नि	नि	ध	प
ऽ	मुड़	मु	ड़	का	ऽ	हे	को	मा	ऽ	रे	न	ज	रि	या	ऽ
–	प	प	प	प	प	प	ध	म	–	प	प	नि	–	ध	प
ऽ	का	ट	क	र	ज	वा	को	ले	ऽ	ग	यी	हो	ऽ	गो	री
ध	–	पध	प	म	म	म	–	–	मम	प	प	प	–	प	ध
ग्वा	ऽ	लिऽ	न	गु	ड़ि	या	ऽ	ऽ	हाय	रे	अ	दा	ऽ	तो	री
म	–	प	प	नि	–	ध	प	ध	–	पध	प	म	म	म	–
क़ा	ऽ	ति	ल	ओ	ऽ	ब	र	सा	ऽ	नेऽ	की	र	धि	या	ऽ

संगीतश्रीकृष्णरामायण गीतमाला, पुष्प 152 of 763

खयाल : राग भैरवी, तीन ताल 16 मात्रा

मार कंकरिया ।

स्थायी : मार कंकरिया फोरी गगरिया । भीग गयी रे कान्हा, मोरी चुनरिया ।।

अंतरा : 1. जमुना से मैं सखी, अपनी डगरिया । नीर नयन की न, लीनी खबरिया ।।

2. जमुना का नीर न, मोरी गगरिया । कैसी अब जाऊँ सखी, अपनी अटरिया ।।

स्थायी

0				3				X				2			
नि	सा	ग	म	प	(नि)ध	प	–	(म)ग	–	प	म	रे	रे	सा	–
मा	ऽ	र	कं	क	रि	या	ऽ	फो	ऽ	री	ग	ग	रि	या	ऽ
प	–	प	प	प	नि	ध	प	ग	–	प	म	रे	रे	सा	–
भी	ऽ	ग	ग	यी	रे	का	न्हा	मो	ऽ	री	चु	न	रि	या	ऽ
नि	सा	ग	म	प	(नि)ध	प	म	(म)ग	–	प	म	रे	रे	सा	–
मा	ऽ	र	कं	क	रि	या	ऽ	फो	ऽ	री	ग	ग	रि	या	ऽ

अंतरा–1

0				3				X				2			
ध	म	ध	नि	सां	–	सां	नि	सां	गं	रें	गं	सां	रें	सां	–
ज	मु	ना	से	मैं	ऽ	स	खी	अ	प	नी	ड	ग	रि	या	ऽ
सां	रें	नि	सां	प	नि	ध	प	ग	–	प	म	रे	रे	सा	–
नी	ऽ	र	न	य	न	की	न	ली	ऽ	नी	ख	ब	रि	या	ऽ
नि	सा	ग	म	प	(नि)ध	प	म	ग	–	प	म	रे	रे	सा	–
मा	ऽ	र	कं	क	रि	या	ऽ	फो	ऽ	री	ग	ग	रि	या	ऽ

स्थायी तान : मार कंकरिया ऽ

1. निसा गम पध निसां । निध पम ग रे सा–

मार कंकरिया ऽ

2. सांरें सांनि धप मप । गम पम ग रे सा–

अंतरा तान : जमुना से

1. निसा गम पम गम । पध पम पध निसां । निध पम ग रे सा–

जमुना से

2. पम गरे सारे गम । पम पध निसां गं रें । सांनि धप मग रेसा

संगीतश्रीकृष्णरामायण गीतमाला, पुष्प 154 of 763

खयाल : राग तोड़ी, तीन ताल 16 मात्रा

बरसे रंग ।

स्थायी : बरसे रंग, चुनरिया पे, बरसे रंग ।।

अंतरा : 1. लाल सुरख मोरी भीगी चुनरिया,
लज कर ओढ़ी साँवरिया, रंग ।।

2. रंग रलित मोरी गीली चुनरिया,
तन संग लागी साँवरिया, रंग ।।

स्थायी

		X				2				0				3			
धर्मं	ध	सां	–	नि	ध	मं	ग	रे	सा	रे	ग	रे	सा	–	सा	धर्मं	ध
बऽ	र	से	ऽ	ऽ	ऽ	ऽ	ऽ	रं	ग	चु	न	रि	या	ऽ	पे	बऽ	र
		सां	–	नि	ध	मं	ग	रे	सा								
		से	ऽ	ऽ	ऽ	ऽ	ऽ	रं	ग								

अंतरा–1

0				3				X				2			
प	–	प	प	मं	ग	मं	ध	सां	–	सां	सां	नि	रें	सां	–
ला	ऽ	ल	सु	र	ख	मो	री	भी	ऽ	गी	चु	न	रि	या	ऽ
ध	ध	ध	गं	रें	सां	सां	–	धनि	सां	नि	ध	मं	ग	रे	सा
ल	ज	क	र	ओ	ऽ	ढ़ी	ऽ	साँऽ	ऽ	व	रि	या	ऽ	रं	ग
रे	ग	रे	सा	–	सा	धर्मं	ध								
चु	न	रि	या	ऽ	पे	बऽ	र								

स्थायी तान : बरसे ऽ ऽ ऽ ऽ ऽ

1. सारे गर्मं धनि सांनि । धप मंग रे ग रेसा

बरसे ऽ ऽ ऽ ऽ ऽ

2. सारे गरे गर्मं धनि । सांनि धप मंग रेसा

अंतरा तान : लाल सुरख मोरी भीगी चुनरिया ऽ

1. सारे गर्मं गरे गर्मं । धनि धर्मं धनि सांरें ।
सांनि धनि सांरें गंरें । सांनि धप मंग रेसा
लाल सुरख मोरी

2. गग रे ग रेसा निसा । धनि सारे गरे सासा । सारे गर्मं धध मंध ।
निध मंग मंध निसां । धनि सांरें गंरें सांनि । धप मंग रे ग रेसा

संगीतश्रीकृष्णरामायण गीतमाला, पुष्प 158 of 763

राग खमाज (राधा दीवानी)

स्थायी: मुरलीधर की मुरली है राधा । श्याम मनोहर राधारमण की ।
गिरिधर की है राधा दीवानी । श्यामलहरि व्रज बंसीधर की ।।

अंतरा: 1. वृंदावन की कुंज गलिन में । कान्हा की मूरत राधा के मन में ।।
2. मधुबन के सब गोकुल वासी । पागल निस दिन राधाकिशन में ।।
3. भोर में राधा लावत मंथन । खावत नटखट माखन छुपके ।।
4. रास रचावत कृष्ण कन्हैया । राधा बजावत पायल छम छम ।।
5. कमरिया लचकत बिंदिया चमके । कंगना खनकत डोलत झुमके ।।
6. अंगना थैयाथैया मोरवा नाचे । अंबुवा कुहु कुहु कोयल बोले ।।

स्थायी

0	3	x	2
सां सां नि –	प ध म ग	ग म प ध	नि – सां –
मु र ली ऽ	ध र की –	मु र ली है	रा ऽ धा ऽ
सां – गं मं	म गं नि सां	नि – सां सां	नि सां नि ध
श्या ऽ म म	नो – ह र	ली ऽ ला –	ध र की –

अंतरा

0	3	x	2
ग म ध नि	सां नि सां –	प नि सां सां	सांनि सां नि ध
वृं – दा –	व न की ऽ	कुं – ज ग	लि न में –
सां – गं मं	गं – नि सां	पनि सांरें सां नि	सां नि ध –
का ऽ न्हा की	मू ऽ र त	रा – धा के	म न में ऽ

संगीतश्रीकृष्णरामायण गीतमाला, पुष्प 161 of 763

धृपद चौताल : राग तिलक कामोद, 12 मात्रा

रास रचत श्री गोपाल ।

स्थायी : रास रचत श्री गोपाल, राधा रमण नंदलाल ।
बंसी मधुर मंद चाल, संग गोप सारे ।।

अंतरा : 1. गीत ललित सुगम ताल, तिलक भाल रंग लाल ।
मोर मुकुट पुष्प माल, गोल नयन कारे ।।

2. नाच करत ठुमक ठुमक, चारु नाद छंद साथ ।
करत नमन जोड़ हाथ, कृष्ण भजन प्यारे ।।

स्थायी

X		0		2		0		3		4	
ग	रे	म	ग	सा	सा	सा	रे	ग	नि़	सा	सा
रा	ऽ	स	र	च	त	श्री	ऽ	गो	पा	ऽ	ल
नि़	प़	नि़	सा	सा	सा	रे	प	म	गरे	ग	सा
रा	ऽ	धा	र	म	ण	नं	ऽ	द	लाऽ	ऽ	ल
सा	–	सा	रे	ग	सा	मरे	म	म	प	–	प
बं	ऽ	सी	म	धु	र	मंऽ	ऽ	द	चा	ऽ	ल
म	रे	रे	म	प	प	मप	धप	म	ग	रे	–
सं	ऽ	ग	गो	ऽ	प	साऽ	ऽऽ	रे	ऽ	ऽ	ऽ

अंतरा–1

X		0		2		0		3		4	
म	प	नि	नि	नि	नि	सां	सां	सां	रेंनि	सां	सां
गी	ऽ	त	ल	लि	त	सु	ग	म	ताऽ	ऽ	ल
प	नि	नि	नि	सां	सां	पनि	सांरें	सां	नि	ध	प
ति	ल	क	भा	ऽ	ल	रंऽ	ऽऽ	ग	ला	ऽ	ल
प	–	रें	रें	रें	रें	नि	सां	रें	नि	ध	प
मो	ऽ	र	मु	कु	ट	पु	ऽ	ष्प	मा	ऽ	ल
म	रे	रे	पम	प	प	मप	धप	म	ग	रे	–
गो	ऽ	ल	न	य	न	काऽ	ऽऽ	रे	ऽ	ऽ	ऽ
ग	रे	म	ग	सा	सा	सा	रे	ग	नि़	सा	सा
रा	ऽ	स	र	च	त	श्री	ऽ	गो	पा	ऽ	ल

भजन : भैरवी – कहरवा ताल

गोवर्धन धारी

स्थायी : गोवर्धन को उठाए हरि, देखो देखो जी लीला खरी ।
उँगली पर धरे, वो समूचा गिरी, और बजाए मिठी बाँसुरी ।।

अंतरा : 1. मथुरा के परे पास में, मधुबन की हरी घास में ।
गोप गोपी लगे खेल में, श्री हरि थे सखा साथ में ।
मूसला वर्षा कड़ी, जब अचानक गिरि ।
व्रज में चिंता भयानक पड़ी ।। उँगली पर धरे ...

2. व्रज वासी खड़े आस में, थे बड़े आज विश्वास में ।
सब खड़े थे गिरि के तले, सब ने आशा धरी मन में ।
चाहे जितनी बुरी, व्रज में बारिश गिरी ।
सबको दुख से बचाए हरि ।। उँगली पर धरे ...

3. इन्द्र भगवान् जब थक गये, बरसा कर बादल अक गये ।
शक्र हार गये आखरी, झट से वर्षा फिर बंद करी ।
बोले तेरी खरी, होवे जै जै हरि ।
तेरी लीला है जादू भरी ।। उँगली पर धरे ...

स्थायी

		X				0				X				0			
सा	सा	म	–	म	ग	ध	–	प	ग	म	–	–	–	–	–	म	म
गो	वर्	धन	ऽ	को	उ	ठा	ऽ	ए	ह	रि	ऽ	ऽ	ऽ	ऽ	ऽ	दे	खो
		ग	–	ध	म	ग	–	म	ग	रे	–	–	–	–	–	नि़	सा
		दे	ऽ	खो	जी	ली	ऽ	ला	ख	री	ऽ	ऽ	ऽ	ऽ	ऽ	ऊँ	ग
		रे	–	ध	ध	प	–	नि़	सा	रे	–	ध	ध	प	–	नि़	सा
		ली	ऽ	पर	ध	रे	ऽ	वो	स	मू	ऽ	चा	गि	रि	ऽ	और	ब
		रे	–	ग	म	प	–	प	ग	म	–	–	–	–	–	सा	सा
		जा	ऽ	ए	मी	ठी	ऽ	बाँ	सु	री	ऽ	ऽ	ऽ	ऽ	ऽ	गो	वर्
		म	–	म	ग	प	–	ग	प	प	म	–	–	–	–	सा	सा
		धन	ऽ	को	उ	ठा	ऽ	ए	ह	रि	ऽ	ऽ	ऽ	ऽ	ऽ	गो	वर्

अंतरा–1

	X				0				X				0			
सां सां	नि	–	रें	सां	(नि)ध	–	नि	ध	म	–	–	–	–	–	म	ध
म थु	रा	ऽ	के	प	रे	ऽ	पा	स	में	ऽ	ऽ	ऽ	ऽ	ऽ	म	धु
	ग	–	म	ध	ग	–	म	ग	रे	–	–	–	–	–	सां	सां
	बन	ऽ	की	ह	री	ऽ	घा	स	में	ऽ	ऽ	ऽ	ऽ	ऽ	गो	प
	नि	–	रें	सां	(नि)ध	–	नि	ध	म	–	–	–	–	–	म	ध
	गो	ऽ	पी	ल	गे	ऽ	खे	ल	में	ऽ	ऽ	ऽ	ऽ	ऽ	श्री	ह
	ग	–	म	ध	ग	–	म	ग	रे	–	–	–	–	–	नि़	सा
	रि	ऽ	थे	स	खा	ऽ	सा	थ	में	ऽ	ऽ	ऽ	ऽ	ऽ	मूस	ला
	रे	–	ध	ध	प	–	नि़	सा	रे	–	ध	ध	प	–	नि़	सा
	वर्	ऽ	षा	क	ड़ी	ऽ	जब	अ	चा	ऽ	नक	गि	री	ऽ	व्रज	में
	रे	–	ग	म	प	–	प	ग	म	–	–	–	–	–	सा	सा
	चिं	ऽ	ता	भ	या	ऽ	नक	प	ड़ी	ऽ	ऽ	ऽ	ऽ	ऽ	गो	वर्
	म	–	म	ग	प	–	ग	प	प	म	–	–	–	–	–	–
	धन	ऽ	को	उ	ठा	ऽ	ए	ह	रि	ऽ	ऽ	ऽ	ऽ	ऽ	ऽ	ऽ

संगीतश्रीकृष्णरामायण गीतमाला, पुष्प 185 of 763

मुरली वाला

स्थायी : लाल गुलाली फूल की माला, डाल गले में मुरली वाला ।
गोकुल वाला बालक ग्वाला, झूलत झूले पर ब्रिजबाला ।।

अन्तरा :
1. तिल काजल का वनमाली के, लाल गुलाबी गाल पे काला ।।
2. संदल तिलक है मंगल लगता, शामलहरि के भाल पे पीला ।।
3. जूहीचमेली कोमल कलिका, बालों में डाले बाल गोपाला ।।
4. जल केलि में ललिता ललना, नंद का लाला खेलत लीला ।।

स्थायी

x				0				x				0			
–	नि़सा	ग	ग	म	–	म	–	–	म–	नि	प	म	–	ग	–
ऽ	लाऽ	ल	गु	ला	ऽ	ली	ऽ	ऽ	फूऽ	ल	की	मा	ऽ	ला	ऽ
–	गम	प	प	ध	–	धनि	सां	–	निप	म	ग	म	–	ग	सा
ऽ	डाऽ	ल	ग	ले	ऽ	मेंऽ		ऽ	मुर	ली	ऽ	वा	ऽ	ला	ऽ
–	नि़सा	ग	ग	म	–	म	–	–	म–	नि	प	म	–	ग	–
ऽ	गोऽ	कु	ल	वा	ऽ	ला	ऽ	ऽ	बाऽ	ल	क	ग्वा	ऽ	ला	ऽ
–	गम	प	प	ध	–	धनि	सां	–	निप	म	ग	म	–	ग	सा
ऽ	झूऽ	ल	त	झू	ऽ	लेऽ	ऽ	ऽ	पर	ब्रि	ज	बा	ऽ	ला	ऽ

अंतरा

x				0				x				0			
–	पग	प	प	सां	सां	सां	–	–	सांसां	नि	ध	ध	सां	नि	प
ऽ	तिल	का	ऽ	ज	ल	का	ऽ	ऽ	वन	मा	ऽ	ली	ऽ	के	ऽ
–	पग	प	प	सां	–	सां	–	–	सांसां	नि	ध	ध	सां	नि	–
ऽ	लाऽ	ल	गु	ला	ऽ	बी	ऽ	ऽ	गाऽ	ल	पे	का	ऽ	ला	ऽ
–	निसा	ग	ग	म	–	म	–	–	म–	नि	प	म	–	ग	–
ऽ	लाऽ	ल	गु	ला	ऽ	ली	ऽ	ऽ	फूऽ	ल	की	मा	ऽ	ला	ऽ

संगीतश्रीकृष्णरामायण गीतमाला, पुष्प 188 of 763

भजन : राग केदार, तीन ताल

मुरली सुनत है राधा ।

स्थायी : मुरली सुनत है श्याम की राधा, मोर पपीहा नाचत थैया ।
नील गगन में चाँद है आधा ।।

अंतरा : 1. कोयल कुहू कुहू सुंदर बाँधा, सौरभ चंपक रजनी गंधा ।
वृंदावन में दंग है वसुधा ।।

2. हिंदोले पर झूलत झूला, मोहन गोपियन गोपी बाला ।
बंसी बजावत देवकी नंदा ।।

स्थायी

0				3				x				2			
सारे	सा	म	म	प	प	म॑प	धप	सां	–	ध	प	म॑प	धप	म	रेसा
मुऽ	र	ली	सु	न	त	है	ऽऽ	श्या	ऽ	म	की	राऽ	ऽऽ	धा	ऽऽ
सारे	–	म	ग	प	–	प	–	धनि	सां	ध	प	म॑प	धप	म	–
मोऽ	ऽ	र	प	पी	ऽ	हा	ऽ	नाऽ	ऽ	च	त	थैऽ	ऽऽ	या	ऽ
सां	–	सां	सां	नि	ध	सां	रें	सां	–	ध	प	म॑प	धप	म	रेसा
नी	ऽ	ल	ग	ग	न	में	ऽ	चाँ	ऽ	द	है	आऽ	ऽऽ	धा	ऽऽ
सारे	सा	म	म	प	प	म॑प	धप	सां	–	ध	प	म॑प	धप	म	रेसा
मुऽ	र	ली	सु	न	त	है	ऽऽ	श्या	ऽ	म	की	राऽ	ऽऽ	धा	ऽऽ

अंतरा–1

0				3				X				2			
प	–	प	प	सां	सां	सां	सां	सां	–	सां	सां	निसां	रें	सां	–
को	ऽ	य	ल	कु	हू	कु	हू	सुं	ऽ	द	र	बाँऽ	ऽ	धा	ऽ
सां	ध	ध	ध	सां	–	सां	सां	धनि	सां	ध	प	म॑प	धप	म	–
सौ	ऽ	र	भ	चं	ऽ	प	क	रऽ	ज	नी	ऽ	गंऽ	ऽऽ	धा	ऽ
सां	–	सां	–	नि	ध	सां	रें	सां	–	ध	प	म॑प	धप	म	रेसा
वृं	ऽ	दा	ऽ	व	न	में	ऽ	दं	ऽ	ग	है	वऽ	सुऽ	धा	ऽऽ
सारे	सा	म	म	प	प	म॑प	धप	सां	–	ध	प	म॑प	धप	म	रेसा
मुऽ	र	ली	सु	न	त	है	ऽऽ	श्या	ऽ	म	की	राऽ	ऽऽ	धा	ऽऽ

स्थायी तान : मुरली सुनत है ऽ

1. सासा मम रेरे पप । म॑प धप मम रेसा

मुरली सुनत है ऽ

2. सासा मग पम॑ धप । म॑प धप मम रेसा

अंतरा तान : कोयल कुहु कुहु

1. म॑प धनि सांनि धप । म॑प धप मम रेसा

कोयल कुहु कुहु सुंदर बाँधा ऽ

2. सासा मग पम॑ धप । निध सांनि रेंसां धप ।
म॑प धनि सांनि धप । म॑प धप मम रेसा

संगीतश्रीकृष्णरामायण गीतमाला, पुष्प 198 of 763

गीत : राग भीमपलासी

मथुरा मत जा कन्हैया

स्थायी : जाने दे मोहे मथुरा मैया,
संग मेरे बलदाऊ भैया ।।

अंतरा : 1. वृंदावन है स्वर्ग समाना,
मथुरा मरघट बनी है दैया ।
मत जा कंस के पास कन्हैया ।।

2. दही माखन है वृंदावन में,
गोप गोपिका ग्वाले गैया ।
मत जा मत जा पडूँ मैं पैंया ।।

3. सत् चित् आनंद अपने मन में,
मथुरा बनी है मौत की शैया ।
जमुना के तू पार न जैंया ।।

स्थायी

0				X				0				X			
गम	पनि	ध	प	–	प	म	निप	ग	रे	–	नि़	सा	–	सा	–
जाऽ	नेऽ	दे	ऽ	ऽ	मो	ऽ	हेऽ	म	थु	ऽ	रा	मै	ऽ	या	ऽ
–	प़	नि़सा	ग	रे	–	सा	सा	–	प	–	गम	ग	रे	सा	–
ऽ	सं	ऽग	मे	रे	ऽ	ब	ल	ऽ	दा	ऽ	ऊऽ	भै	ऽ	या	ऽ
गम	पनि	ध	प	–	म	–	निप	ग	रे	–	नि़	सा	–	सा	–
जाऽ	नेऽ	दे	ऽ	ऽ	मो	ऽ	हेऽ	म	थु	ऽ	रा	मै	ऽ	या	ऽ

अंतरा–1

0				X				0				X			
–	गम	प	नि	सां	सां	सां	–	–	पनि	सां	गं	रें	–	सां	–
ऽ	वृंऽ	दा	ऽ	व	न	है	ऽ	ऽ	स्वर्	ग	स	मा	ऽ	ना	ऽ
–	नि	नि	नि	सां	सां	सां	सां	–	नि	नि	नि	ध	–	प	–
ऽ	म	थु	रा	म	र	घ	ट	ऽ	ब	नी	है	दै	ऽ	या	ऽ
–	पनि	सां	गं	रें	–	सां	सां	–	पनि	सां	नि	ध	–	प	–
ऽ	मत	जा	ऽ	कं	ऽ	स	के	ऽ	पा	स	क	न्है	ऽ	या	ऽ
गम	पनि	ध	प	–	प	म	निप	ग	रे	–	नि़	सा	–	सा	–
जाऽ	नेऽ	दे	ऽ	ऽ	मो	ऽ	हेऽ	म	थु	ऽ	रा	मै	ऽ	या	ऽ

संगीतश्रीकृष्णरामायण गीतमाला, पुष्प 210 of 763

भजन : राग आसावरी, कहरवा ताल 8 मात्रा

बलराम सुदामा ।

स्थायी : नंद बलरामा संग सुदामा, देवकी नंदन हरि घनश्यामा ।
ग्वालिन राधा, मैया यशोदा, गोपी गोपाला, गोकुल धामा ।।

अंतरा : 1. मेरी जीवन सागर नैया, कृष्ण कन्हैया, कहत सुदामा ।
नंद के घर से माखन छुपके, लात दमोदर, खात सुदामा ।।

2. मधुबन में हरि धेनु चरावत, संग गवन के जात सुदामा ।
जमुना तट पर फोरत मटकी, नंद लाल के, साथ सुदामा ।।

3. पनघट पर जब बांसुरी बाजे, सुध बुध खो कर, गात सुदामा ।
जल क्रीडा से वस्त्र गोपि के, श्याम चुरावत, लजत सुदामा ।।

4. कंस मिलन जब जात मुकुंदा, राधा यशोदा रोत सुदामा ।
द्वारिका नगरी राज महल में, कृष्ण से करता, बात सुदामा ।।

स्थायी

X				0				X				0			
–	पध	म	प	ग	–	रे	सा	–	रेम	प	सां	ध	–	प	–
ऽ	नंद	ब	ल	रा	ऽ	मा	ऽ	ऽ	संऽ	ग	सु	दा	ऽ	मा	ऽ
–	पध	सां	रें	सांरें	ग	रें	सां	–	सांनि	रें	सां	ध	–	प	–
ऽ	देऽ	व	की	नंऽ	ऽ	द	न	ऽ	हरि	घ	न	श्या	ऽ	मा	ऽ
–	पध	म	प	ग	–	रे	सा	–	रेम	प	सां	ध	–	प	–
ऽ	ग्वाऽ	लि	न	रा	ऽ	धा	ऽ	ऽ	मैऽ	या	य	शो	ऽ	दा	ऽ
–	पध	सां	रें	सांरें	ग	रें	सां	–	सांनि	रें	सां	ध	–	प	–
ऽ	गोऽ	पी	गो	पाऽ	ऽ	ला	ऽ	ऽ	गोऽ	कु	ल	धा	ऽ	मा	ऽ

अंतरा–1

X				0				X				0			
–	म	–	प	ध	–	ध	ध	–	सां–	सां	सां	गं	रें	सां	–
ऽ	मे	ऽ	री	जी	ऽ	व	न	ऽ	साऽ	ग	र	नै	ऽ	या	ऽ
–	पप	प	ध	सां	–	सां	–	–	सांगं	रें	सां	ध	–	प	–
ऽ	कृष्	ष्ण	क	न्है	ऽ	या	ऽ	ऽ	कह	त	सु	दा	ऽ	मा	ऽ
–	पध	म	प	ग	ग	रे	सा	–	रेम	प	सां	ध	ध	प	–
ऽ	नंऽ	द	के	घ	र	से	ऽ	ऽ	माऽ	ख	न	छु	प	के	ऽ
–	पध	सां	रें	सांरें	ग	रें	सां	–	सांनि	रें	सां	ध	–	प	–
ऽ	लाऽ	त	द	मोऽ	ऽ	द	र	ऽ	खाऽ	त	सु	दा	ऽ	मा	ऽ
–	पध	म	प	ग	–	रे	सा	–	रेम	प	सां	ध	–	प	–
ऽ	नंद	ब	ल	रा	ऽ	मा	ऽ	ऽ	संऽ	ग	सु	दा	ऽ	मा	ऽ

संगीतश्रीकृष्णरामायण गीतमाला, पुष्प 211 of 763

भजन : राग मालकंस, कहरवा ताल 8 मात्रा

कृष्ण सुदामा ।

स्थायी : जग अलग अलग कहता दोनों,
जो अलग कहता उसे रहने दो ।

अंतरा : 1. बचपन के हैं दोनों साथी, भवसागर में, बिछुड़े हैं ।
कृष्ण सुदामा रूप अलग हैं, नर नारायण, एक हि हैं ।।

2. आर है गोकुल पार मथुरा, दोनों जमुना तीर पे हैं ।
राधा सखी है सखा सुदामा, सखी सखा सब, एक हि हैं ।।

3 रंक सुदामा राजा हरि हैं, केवल मौखिक, अंतर है ।
अंतर तन का, नहीं है मन का, दो तन दो मन, एक ही हैं ।।

स्थायी

		X				0				X				0			
म	म	–	गुम	ग	सा	नि़	सा	ध़	नि़	सा	–	म	–	म	–	म	–
ज	ग	ऽ	अल	ग	अ	ल	ग	क	ह	ता	ऽ	दो	ऽ	नों	ऽ	जो	ऽ
		–	गुम	ग	सा	नि़	सा	ध़	नि़	सा	–	म	–	म	–	म	म
		ऽ	अल	ग	अ	ल	ग	क	ह	ता	ऽ	दो	ऽ	नों	ऽ	ज	ग
		–	गुम	ग	सा	नि़	सा	ध़	नि़	सा	–	म	–	म	–	म	म
		ऽ	अल	ग	अ	ल	ग	क	ह	ता	ऽ	दो	ऽ	नों	ऽ	ज	ग

अंतरा–1

X				0				X				0			
–	गग	म	म	ध	–	नि	ध	–	सां	–	सां	गं	नि	सां	–
ऽ	बच	प	न	के	ऽ	हैं	ऽ	ऽ	दो	ऽ	नों	सा	ऽ	थी	ऽ
–	निनि	नि	–	नि	नि	नि	ध	–	धनि	सां	नि	ध	–	म	–
ऽ	भव	सा	ऽ	ग	र	में	ऽ	ऽ	बिछु	डे	ऽ	हैं	ऽ	ऽ	ऽ
–	धनि	सां	गं	गं	–	गं	सां	–	सांमं	गं	सां	नि	नि	सां	–
ऽ	कृऽ	ष्ण	सु	दा	ऽ	मा	ऽ	ऽ	रूऽ	प	अ	ल	ग	हैं	ऽ
–	सांमं	मं	गं	गं	सां	नि	ध	–	धनि	सां	नि	ध	म	म	म
ऽ	नर	ना	ऽ	रा	ऽ	य	ण	ऽ	एऽ	क	हि	हैं	ऽ	ज	ग

संगीतश्रीकृष्णरामायण गीतमाला, पुष्प 214 of 763

भजन : राग भैरवी – कहरवा ताल

वसुधैव कुटुंबकम्

स्थायी : सब लोग जहाँ के भाई हैं, सब एक ही पथ के राही हैं ।
"वसुधैव कुटुंब" सचाई है ।।
सब एक जगत के वासी हैं, सब की ये वसुधा माई है ।
सब एक ही कुल के सगाई हैं ।।

अंतरा : 1. सब वेदों की ये वाणी है, सब शुभ वचनों की ये राणी है ।
बस एक हमारी भूमि है, अरु एक हमारा स्वामी है ।
बस एक सभी का साँई है ।।

2. सब जगत का एक ही ज्ञानी है, और एक ही अंतर्यामी है ।

बस एक हमारा दाता है, अरु एक हमारा विधाता है ।
बस एक सभी का सहाई है ।।

3. ऋषि मुनियों की ये बखानी है, और सबसे परम कहानी है ।
बस एक हमारा कर्ता है, जिसने जग रीत बनाई है ।
उसने भव प्रीत बसाई है ।।

स्थायी

		X				0				X				0			
सा	नि़	सा	–	ग	रे	सा	–	नि़	–	सा	–	रे	प	(म)ग	–	ग	म
स	ब	लो	ऽ	ग	ज	हाँ	ऽ	के	ऽ	भा	ऽ	ई	ऽ	हैं	ऽ	स	ब
		म	ग	प	म	ग	ग	रे	सा	सा	–	रे	म	ग	–	ग	ग
		ए	ऽ	क	ही	प	थ	के	ऽ	रा	ऽ	ही	ऽ	हैं	ऽ	व	सु
		गरे	सा	सा	सा	रे	–	ग	म	ग	रे	सा	नि़	सा	–	सा	नि़
		धैऽ	ऽ	व	कु	टुं	ऽ	ब	स	चा	ऽ	ई	ऽ	है	ऽ	स	ब
		सा	–	ग	रे	सा	सा	नि़	–	सा	–	रे	प	(म)ग	–	ग	म
		ए	ऽ	क	ज	ग	त	के	ऽ	वा	ऽ	सी	ऽ	हैं	ऽ	स	ब
		म	ग	प	म	ग	–	रे	सा	सा	–	रे	म	ग	–	ग	ग
		की	ऽ	ये	व	सु	ऽ	धा	ऽ	मा	ऽ	ई	ऽ	है	ऽ	स	ब
		गरे	सा	सा	सा	रे	रे	ग	म	ग	रे	सा	नि़	सा	–	सा	नि़
		एऽ	ऽ	क	ही	कु	ल	के	स	गा	ऽ	ई	ऽ	हैं	ऽ	स	ब

अंतरा–1

		X				0				X				0			
प	प	म	रे	म	–	प	–	प	म	प	नि	ध	प	प	–	प	प
स	ब	वे	ऽ	दों	ऽ	की	ऽ	ये	ऽ	वा	ऽ	णी	ऽ	है	ऽ	स	ब
		म	ग	ग	सा	सा	ग	म	प	ग	रे	सा	नि़	सा	–	सा	नि़
		शु	भ	व	च	नों	ऽ	की	ये	रा	ऽ	णी	ऽ	है	ऽ	ब	स
		सा	–	ग	रे	सा	–	नि़	–	सा	–	रे	प	(म)ग	–	ग	म
		ए	ऽ	क	ह	मा	ऽ	री	ऽ	भू	ऽ	मि	ऽ	है	ऽ	अ	रु
		म	ग	प	म	ग	–	रे	सा	सा	–	रे	म	ग	–	ग	ग
		ए	ऽ	क	ह	मा	ऽ	रा	ऽ	स्वा	ऽ	मी	ऽ	है	ऽ	ब	स
		गरे	सा	सा	सा	रे	–	ग	म	ग	रे	सा	नि़	सा	–	सा	नि़
		ए	ऽ	क	स	भी	ऽ	का	ऽ	साँ	ऽ	ई	ऽ	है	ऽ	स	ब

संगीतश्रीकृष्णरामायण गीतमाला, पुष्प 218 of 763

भजन : राग यमन कल्याण, कहरवा ताल 8 मात्रा

सरस्वती वंदना ।

स्थायी : मंगल सुंदर सुमिरण प्यारे, सुखकर वंदन देवी तिहारे ।।

अंतरा : 1. सुन कर विणा तार सुखारे, भगतन सारे शरण तुम्हारे ।।

2. सरस्वती माता ज्ञान की दाती, शुभ वर दे दे परम पियारे ।।

3. हम बालक हैं गोद में तेरी, ममता से तू हमको निहारे ।।

स्थायी

X				0				X				0			
–	पम॑	ᵍरे	रे	ग	–	ग	ग	–	पम॑	ᵍरे	रे	ग	–	ग	–
ऽ	मंऽ	ग	ल	सुं	ऽ	द	र	ऽ	सुमि	र	ण	प्या	ऽ	रे	ऽ
–	ऩिऩि	रे	रे	म॑	–	म॑	म॑	–	म॑ध	नि	ध	प	–	म॑	ग
ऽ	सुख	क	र	वं	ऽ	द	न	ऽ	देऽ	वी	ति	हा	ऽ	रे	ऽ
–	पम॑	ᵍरे	रे	ग	–	ग	ग	–	पम॑	ᵍरे	रे	ग	रे	सा	–
ऽ	मंऽ	ग	ल	सुं	ऽ	द	र	ऽ	सुमि	र	ण	प्या	ऽ	रे	ऽ

अंतरा–1

X				0				X				0			
–	पग	प	प	सां	–	सां	–	–	सांसां	नि	ध	सां	नि	नि	–
ऽ	सुन	क	र	वि	ऽ	णा	ऽ	ऽ	ताऽ	र	सु	खा	ऽ	रे	ऽ
–	पग	प	प	सांनि	रें	सां	–	–	सांसां	नि	ध	सां	नि	नि	–
ऽ	सुन	क	र	विऽ	ऽ	णा	ऽ	ऽ	ताऽ	र	सु	खा	ऽ	रे	ऽ
–	निगं	रें	सां	सां	नि	ध	प	–	म॑ध	नि	ध	प	–	म॑	ग
ऽ	भग	त	न	सा	ऽ	रे	ऽ	ऽ	शर	ण	तु	म्हा	ऽ	रे	ऽ

संगीतश्रीकृष्णरामायण गीतमाला, पुष्प 220 of 763

राग यमन, कहरवा ताल

योगेश्वर वंदना ।

स्थायी : जन गण वंदन करते हैं तुमको,
देवकी नंदन जै जय जय हो ।।

अंतरा : 1. नाथ जगत के तारक तुम हो,
विघ्न विनाशक माधव जय हो ।।

2. भक्ति योग तुम दीना जग को,
भगत सखा प्रभु मोहन जय हो ।।

3. कर्मयोग योगेश्वर तुमसे,
पार्थ सारथि केशव जय हो ।।

स्थायी

X				0				X				0			
–	नि़नि़	रे	रे	ग	–	प	–प	रे	रे	–ग	रे	नि़	रे	सा	–
ऽ	जन	ग	ण	वं	ऽ	द	ऽन	क	र	ऽते	हैं	तु	म	को	ऽ
–	प	–मं	ग	प	–	प	प	–	मंध	नि	ध	प	प	मं	ग
ऽ	दे	ऽव	की	नं	ऽ	द	न	ऽ	जैऽ	ज	य	ज	य	हो	ऽ
–	नि़नि़	रे	रे	ग	–	प	–प	रे	रे	–ग	रे	नि़	रे	सा	–
ऽ	जन	ग	ण	वं	ऽ	द	ऽन	क	र	ऽते	हैं	तु	म	को	ऽ

अंतरा–1

X				0				X				0			
–	पग	प	प	सां	सां	सां	–	–	निरें	गं	रें	नि	रें	सां	–
ऽ	नाऽ	थ	ज	ग	त	के	ऽ	ऽ	ताऽ	र	क	तु	म	हो	ऽ
–	सांनि	ध	प	प	ध	मं	प	–	मंध	नि	ध	प	प	मं	ग
ऽ	विघ्	न	वि	ना	ऽ	श	क	ऽ	माऽ	ध	व	ज	य	हो	ऽ
–	नि़नि़	रे	रे	ग	–	प	–प	रे	रे	–ग	रे	नि़	रे	सा	–
ऽ	जन	ग	ण	वं	ऽ	द	–न	क	र	ऽते	हैं	तु	म	को	ऽ

संगीतश्रीकृष्णरामायण गीतमाला, पुष्प 225 of 763

खयाल : राग शंकरा, झपताल 10 मात्रा

माँ शारदे ।

स्थायी : संगीत दायिनी! भारती! वीणा वादिनी ।
सरस्वती माँ! परम वर दे ।।

अंतरा : वागेश्वरी! ज्ञान तरु को अमर कर दे ।
शारदे! तार दे, माँ! झोली भर दे ।।

स्थायी

X		2			0		3		
पनि	सां	नि	प	प	ग	प	सां	नि	–
संऽ	ऽ	गी	ऽ	त	दा	ऽ	यि	नी	ऽ
ग	ग	ग	ग	प	रेग	रे	सा	–	सा
भा	ऽ	र	ती	ऽ	वीऽ	ऽ	णा	ऽ	वा
प़	प़	सा	–	सा	प	ग	प	प	–
ऽ	दि	नी	ऽ	स	र	ऽ	स्व	ती	ऽ
पनि	सां	नि	प	प	पग	प	रेग	–रे	सा
माँऽ	ऽ	प	र	म	वऽ	र	ऽदे	ऽऽ	ऽ

अंतरा–1

X		2			0		3		
पग	प	सां	–	सां	सां	–	सांनि	रें	सां
वाऽ	ऽ	गे	ऽ	श्व	री	ऽ	ज्ञाऽ	ऽ	न
सां	गं	गं	–	पं	गं	रें	सांरें	सां	सां
त	रु	को	ऽ	अ	म	र	कऽ	र	दे
नि	ध	नि	सांरें	निसां	नि	ध	नि	धप	–
शा	ऽ	र	देऽ	ऽऽ	ता	ऽ	र	दे	ऽ
सां	नि	प	ग	प	रेग	रे	सा	–	–
माँ	ऽ	झो	ऽ	ली	भऽ	र	दे	ऽ	ऽ
पनि	सां	नि	प	प	ग	प	सां	नि	–
संऽ	ऽ	गी	ऽ	त	दा	ऽ	यि	नी	ऽ

स्थायी तान : संगीत दायिनी ऽ

1. सासा गग । पप निसां रेंसां । निध पप । गप गरे सासा
संगीत दायिनी ऽ

2. पग पप । निसां रेंसां निसां । निध पप । गप गरे सासा

अंतरा तान : वागेश्वरी ज्ञान

1. पप गप । निसां गंरें सांनि । पध पप । गप गरे सासा
वागेश्व

2. सासा गग । पप निसां रेंसां । पध पप । गप निसां रेंसां
निध पध । पप गरे सासा

संगीतश्रीकृष्णरामायण गीतमाला, पुष्प 248 of 763

भजन : राग तिलंग, कहरवा ताल 8 मात्रा

भज शंभु शिवम् ।

स्थायी : मन भजले शंभु शिवम्, मनवा मंगल गान तू गा रे ।
वंदे शिवं सुंदरम् ।।

अंतरा : 1. गा कर प्यारा नाम शिवा का, करले तरास तू कम ।
साँस साँस में गौरीनाथ को, निश दिन अरु हर दम ।।

2. पा कर न्यारा प्यार शिवा का, हरले दरद सितम ।
बार बार नित वंदना करो, भोले नाथ शुभम् ।।

स्थायी

0				X				0				X			
–	गम	प	नि	सां	–	नि	प	–	निप	म	ग	म	–	–	–
ऽ	मन	भ	ज	ले	ऽ	ऽ	ऽ	ऽ	सांऽ	ब	शि	वं	ऽ	ऽ	ऽ
–	गम	म	सा	ग	–	म	प	–	पसां	नि	प	म	–	ग	–
ऽ	मन	वा	ऽ	मं	ऽ	ग	ल	ऽ	गाऽ	न	तू	गा	ऽ	रे	ऽ
–	सां	–सां	सां	नि	प	–म	म	प	–	–	–	म	प	म	ग
ऽ	वं	ऽदे	शि	वं	ऽ	ऽसुं	द	रं	ऽ	ऽ	ऽ	ऽ	ऽ	ऽ	ऽ
–	गम	प	नि	सां	–	नि	प	–	निप	म	ग	म	–	–	–
ऽ	मन	भ	ज	ले	ऽ	ऽ	ऽ	ऽ	सांऽ	ब	शि	वं	ऽ	ऽ	ऽ

अंतरा–1

0				X				0				X			
–	मप	नि	नि	सां	–	सां	–	–	नि	–सां	सां	नि	सां	नि	प
ऽ	गाऽ	क	र	प्या	ऽ	रा	ऽ	ऽ	ना	ऽम	शि	वा	ऽ	का	ऽ
–	निनि	नि	नि	नि	–	सां	गं	सां	–	नि	–	प	–	म	ग
ऽ	कर	ले	त	रा	ऽ	स	तू	कम	ऽ	ऽ	ऽ	ऽ	ऽ	ऽ	ऽ
–	गम	प	नि	सां	सां	सां	–	–	निसां	गं	सां	नि	सां	नि	प
ऽ	साँऽ	स	साँ	ऽ	स	में	ऽ	ऽ	गौऽ	री	ना	ऽ	थ	को	ऽ
–	सांसां	सां	सां	नि	प	म	म	प	–	–	–	म	प	म	ग
ऽ	निश	दि	न	अ	रु	ह	र	दम	ऽ	ऽ	ऽ	ऽ	ऽ	ऽ	ऽ

संगीतश्रीकृष्णरामायण गीतमाला, पुष्प 253 of 763

कीर्तन : राग खमाज, कहरवा ताल 8 मात्रा

आज चलो हम ।

स्थायी : आज चलो हम सब मिल गाएँ, कृष्ण के सुंदर नाम सुनाएँ ।।

अंतरा : 1. केशव माधव भाते सबको, देवकी नंदन मन भरमाए ।।

2. पावन गायन गाते तुमरो, गिरिधर हमको सब मिल जाए ।।

स्थायी

0				3				X				2			
धनि	सांरें	सांनि	धप	म	ग	म	रे	ग	प	नि	नि	सां	–	सां	–
आऽ	ऽऽ	जऽ	चऽ	लो	ऽ	ह	म	स	ब	मि	ल	गा	ऽ	एँ	ऽ
ग	ग	म	रे	ग	प	नि	नि	सां	–	गंरें	सां	नि	ध	प	–
कृ	ष्	ण	के	सुं	ऽ	द	र	ना	ऽ	मऽ	सु	ना	ऽ	एँ	ऽ
धनि	सांरें	सांनि	धप	म	ग	म	रे	ग	प	नि	नि	सां	–	सां	–
आऽ	ऽऽ	जऽ	चऽ	लो	ऽ	ह	म	स	ब	मि	ल	गा	ऽ	एँ	ऽ

अंतरा–1

0				3				X				2			
ग	–	प	प	प	–	नि	ध	सां	–	सां	–	सां	रें	सां	–
के	ऽ	श	व	मा	ऽ	ध	व	भा	ऽ	ते	ऽ	स	ब	को	ऽ
सां	–	गं	मं	गं	रें	सां	नि	ध	नि	सां	रें	सांरें	सांनि	धप	मग
दे	ऽ	व	की	नं	ऽ	द	न	म	न	भ	र	मा	ऽ	ए	ऽ
धनि	सांरें	सांनि	धप	म	ग	म	रे	ग	प	नि	नि	सां	–	सां	–
आऽ	ऽऽ	जऽ	चऽ	लो	ऽ	ह	म	स	ब	मि	ल	गा	ऽ	एँ	ऽ

स्थायी तान : आज चलो हम

1. गप धनि सांरें सांनि । धप मग मरे सा–

आज चलो हम

2. सांनि धप मग मरे । गम पग मरे सा–

अंतरा तान : केशव माधव

1. सांनि धप मग रेसा । गप धनि सां– सां–

केशव माधव भाते सबको

2. गप धनि सांरें गंरें । सांनि धप मग मरे ।
गप निनि सां– गप । निनि सां– गप निनि

संगीतश्रीकृष्णरामायण गीतमाला, पुष्प 277 of 763

कीर्तन : राग भैरवी, कहरवा ताल 8 मात्रा

ॐ नमः शिवाय ।

स्थायी : जै जै जै जै भक्तों बोलो, ओम् नमः शिवाय ।
ओम् नमः शिवाय, ओम् नमः शिवाय ।
ओम् नमः शिवाय, ओम् नमः शिवाय ।।

अंतरा : 1. शिव ललाट पे चंदा साजे । जटा काली में गंग विराजे ।
डम डम डम डम डमरू बाजे ।
गूँजे नारा, नमः शिवाय ।
ओम् नमः शिवाय, ओम् नमः शिवाय, ओम् नमः शिवाय ।।

2. नटवर तांडव थैया नाचे । डम डम डम डम डंका बाजे ।
त्रिशूल दाएँ हाथ विराजे ।
गूँजे नारा, नमः शिवाय ।
ओम् नमः शिवाय, ओम् नमः शिवाय, ओम् नमः शिवाय ।।

स्थायी

X				0				X				0			
सा	सा	रे	रे	ग	ग	म	प	ध	–	मरे	नि़	सा	–	सा	–
जै	जै	जै	जै	भ	क्तों	बो	लो	ओ	म्	नमः	शि	वा	ऽ	य	ऽ
ग	–	गग	ग	ग	–	ग	–	रे	–	रेरे	नि़	सा	–	सा	–
ओ	म्	नमः	शि	वा	ऽ	य	ऽ	ओ	म्	नमः	शि	वा	ऽ	य	ऽ
म	–	मम	म	म	–	म	–	ग	–	गरे	नि़	सा	–	सा	–
ओ	म्	नमः	शि	वा	ऽ	य	ऽ	ओ	म्	नमः	शि	वा	ऽ	य	ऽ
सा	सा	रे	रे	ग	ग	म	प	ध	–	मरे	नि़	सा	–	सा	–
जै	जै	जै	जै	भ	क्तों	बो	लो	ओ	म्	नमः	शि	वा	ऽ	य	ऽ

अंतरा–1

X				0				X				0			
ग	ग	ग	ग	–	ग	ग	रे	रे	म	म	–	म	–	म	–
शि	व	ल	ला	ऽ	ट	पे	ऽ	चं	ऽ	दा	ऽ	सा	ऽ	जे	ऽ
म	ध	–	ध	–	ध	ध	–	ध	नि	ध	प	प	–	प	–
ज	टा	ऽ	का	ऽ	ली	में	ऽ	गं	ऽ	ग	वि	रा	ऽ	जे	ऽ
प	सां	सां	सां	–	रें	सां	नि	नि	सां	रें	सां	रें	–	रें	–
शि	व	ल	ला	ऽ	ट	पे	ऽ	चं	ऽ	दा	ऽ	सा	ऽ	जे	ऽ
रें	गं	–	सां	निध	–	ध	–	नि	नि	–	रें	रें	सां	सां	–
ज	टा	ऽ	का	लीऽ	ऽ	में	ऽ	गं	ऽ	ग	वि	रा	ऽ	जे	ऽ
प	सां	सां	सां	सां	रें	सां	नि	नि	सां	रें	सां	रें	–	–	–
ड	म	ड	म	ड	म	ड	म	ड	म	रु	बा	जे	ऽ	ऽ	ऽ
रें	गं	–	सां	(नि)ध	–	ध	–	ध	नि	–	रें	रें	सां	सां	–
गूँ	ऽ	ऽ	जे	ना	ऽ	रा	ऽ	न	मः	ऽ	शि	वा	ऽ	य	ऽ
सां	–	–	सां	नि	सां	–	नि	सां	–	–	–	सां	–	–	–
ओ	ऽ	ऽ	म्	न	मः	ऽ	शि	वा	ऽ	ऽ	ऽ	य	ऽ	ऽ	ऽ
रें	–	–	रें	सां	रें	–	सां	रें	–	–	–	रें	–	–	–
ओ	ऽ	ऽ	म्	न	मः	ऽ	शि	वा	ऽ	ऽ	ऽ	य	ऽ	ऽ	ऽ
गं	–	गं	सां	(नि)ध	–	–	नि	रें	–	–	–	सां	–	–	–
ओ	ऽ	म्	न	मः	ऽ	ऽ	शि	वा	ऽ	ऽ	ऽ	य	ऽ	ऽ	ऽ
सा	सा	रे	रे	ग	ग	म	प	ध	–	मरे	नि़	सा	–	सा	–
जै	जै	जै	जै	भ	क्तों	बो	लो	ओ	म्	नमः	शि	वा	ऽ	य	ऽ

खयाल : राग पूरिया, तीन ताल 16 मात्रा

पार करो मेरी भव नैया ।

स्थायी : पार करो मेरी भव नैया, तार करो मेरा अंबे मैया ।।

अंतरा : 1. लुट गयी मेरी प्रेम की नगरी, नाथ न आये हाये दैया! ।।

2. लगती सूनी गाँव की डगरी, राह तकूँ मैं आवे सैंया ।।

स्थायी

0				3				X				2			
गम॑	धम॑	गरे॒	गम॑	ग	रे॒	सा	–	नि़रे॒	सा	नि़	ध़	नि़	रे॒	सा	–
पाऽ	ऽऽ	ऽऽ	ऽऽ	र	क	रो	ऽ	मेऽ	री	भ	व	नै	ऽ	या	ऽ
म॑	–	ग	म॑	ग	रे॒	सा	सा	नि	रें॒	नि	ध	म॑	ध	म॑	ग
ताऽ	ऽ	र	क	रो	ऽ	मे	रा	अं	ऽ	बे	ऽ	मै	ऽ	या	ऽ
गम॑	धम॑	गरे॒	गम॑	ग	रे॒	सा	–	नि़रे॒	सा	नि़	ध़	नि़	रे॒	सा	–
पाऽ	ऽऽ	ऽऽ	ऽऽ	र	क	रो	ऽ	मेऽ	री	भ	व	नै	ऽ	या	ऽ

अंतरा–1

0				3				X				2			
म॑	म॑	ग	ग	म॑	–	ध	–	म॑ध	सां	सां	सां	नि	रें॒	सां	–
लु	ट	ग	यी	मे	ऽ	री	ऽ	प्रेऽ	ऽ	म	की	न	ग	री	ऽ
नि	रें॒	नि	ध	म॑	ध	म॑	ग	म॑	रे॒	ग	म॑	गम॑	धम॑	गरे॒	सा–
ना	ऽ	थ	न	आ	ऽ	ये	ऽ	हा	ऽ	ये	ऽ	दैऽ	ऽऽ	याऽ	ऽऽ
गम॑	धम॑	गरे॒	गम॑	ग	रे॒	सा	–	नि़रे॒	सा	नि़	ध़	नि़	रे॒	सा	–
पाऽ	ऽऽ	ऽऽ	ऽऽ	र	क	रो	ऽ	मेऽ	री	भ	व	नै	ऽ	या	ऽ

स्थायी तान : पार करो ऽ

1. नि़रे॒ गम॑ धनि म॑ध । म॑नि नि,ध म॑ग रे॒सा

पार करो ऽ

2. नि़रे॒ गम॑ धनि रें॒सां । निध म॑ग म॑ग रे॒सा

अंतरा तान : लुट गयी मेरी प्रेम की नगरी ऽ

1. नि़रे॒ गम॑ गरे॒ गम॑ । धनि धम॑ धनि रें॒सां ।

निध म॑ग रे॒ग म॑ध । निध म॑ग म॑ग रे॒सा

लुट गयी मेरी प्रेम की नगरी ऽ

2. म॑ग रे॒सा निध म॑ग । रे॒सा रें॒सां निध म॑ग ।

रे॒सा नि़रे॒ गम॑ धनि । रें॒सां निध म॑ग रे॒सा

संगीतश्रीकृष्णरामायण गीतमाला, पुष्प 288 of 763

आरती : कहरवा ताल 8 मात्रा

राम कृष्ण शिव ।

स्थायी : निश दिन राम कृष्ण शिव गाओ ।
राम कृष्ण शिव राम कृष्ण शिव, राम कृष्ण शिव गाओ ।।

अंतरा : 1. रघुपति राघव राजा राम, जानकी जीवन सीता राम ।
हरे राम हरे राम, हरे कृष्ण हरे राम ।।

2. भजु मन मेरे, राधे श्याम, अह निश गा रे, राधे श्याम ।
राधे श्याम राधे श्याम, हरे कृष्ण हरे राम ।।

3. भोले शंकर हरि घनश्याम, सांब सदाशिव भज सियाराम ।
शिव नाम शिव नाम, हरे कृष्ण हरे राम ।।

स्थायी

0				X				0				X			
सा	ग	म	प	निध	–	म	ग	सा	सा	नि़	ध़	सा	–	सा	–
नि	श	दि	न	राऽ	ऽ	म	कृ	ऽ	ष्ण	शि	व	गा	ऽ	ओ	ऽ
–	–	–	–	ग	–	ग	ग	–	ग	ग	ग	म	–	म	ध
ऽ	ऽ	ऽ	ऽ	रा	ऽ	म	कृ	ऽ	ष्ण	शि	व	रा	ऽ	म	कृ
नि	ध	म	म	म	–	ग	ग	सा	सा	नि़	ध़	सा	–	सा	–
ऽ	ष्ण	शि	व	रा	ऽ	म	कृ	ऽ	ष्ण	शि	व	गा	ऽ	ओ	ऽ

अंतरा–1

X				0				X				0			
ग	ग	म	म	ध	–	नि	ध	सां	–	सां	–	सां	–	सां	–
र	घु	प	ति	रा	ऽ	घ	व	रा	ऽ	जा	ऽ	रा	म	रा	म
ग	ग	म	म	ध	–	नि	ध	सां	–	सां	–	गं	नि	सां	सां
र	घु	प	ति	रा	ऽ	घ	व	रा	ऽ	जा	ऽ	रा	म	रा	म
नि	–	नि	नि	नि	–	नि	ध	ध	नि	सां	नि	ध	–	म	–
जा	ऽ	न	की	जी	ऽ	व	न	सी	ऽ	ऽ	ता	रा	म	रा	म
ध	ध	ध	म	प	प	प	ग	सा	ग	म	ध	प	प	म	–
ह	रे	रा	म	ह	रे	रा	म	ह	रे	कृ	ष्ण	ह	रे	रा	म
म	ग	ग	ग	सा	सा	नि़	ध़	सा	–	सा	–	सा	ग	म	प
रा	ऽ	म	कृ	ऽ	ष्ण	शि	व	गा	ऽ	ओ	ऽ	नि	श	दि	न
निध	–	म	ग	सा	सा	नि़	ध़	सा	–	सा	–	–	–	–	–
राऽ	ऽ	म	कृ	ऽ	ष्ण	शि	व	गा	ऽ	ओ	ऽ	ऽ	ऽ	ऽ	ऽ

खयाल : राग बिहाग, तीन ताल 16 मात्रा

नैनन में ।

स्थायी : नैनन में तुमरी मूरतिया, मन में डोले तव सूरतिया ।
सुमिरन में बीते दिन रतिया ।।

अंतरा : 1. कछु न शोरबा ना कटु बतिया, भवसागर हो अमृत पनिया ।।
2. स्नेह प्यार में गुजरें सदियाँ, गंगा जल सी बहती नदिया ।।

स्थायी

0				3				X				2			
सा	–	ग	म	प	–	नि	नि	सां	–	निध	नि	प	म॑	गम	ग
नै	ऽ	न	न	में	ऽ	तु	म	री	ऽ	मूऽ	ऽ	र	ति	याऽ	ऽ
गम	प	ग	म	ग	रे	सा	–	नि़	प़	नि़	–	सा	सा	सा	–
मऽ	न	में	ऽ	डो	ऽ	ले	ऽ	त	व	सू	ऽ	र	ति	या	ऽ
सा	नि़	सा	म	ग	म	प	नि	प	म॑	गप	म	ग	रे	सा	–
सु	मि	र	न	में	ऽ	बी	ऽ	ते	ऽ	दिऽ	न	र	ति	या	ऽ
सा	–	ग	म	प	–	नि	नि	सां	–	निध	नि	प	म॑	गम	ग
नै	ऽ	न	न	में	ऽ	तु	म	री	ऽ	मूऽ	ऽ	र	ति	याऽ	ऽ

अंतरा–1

0				3				X				2			
म	ग	म	प	–	प	नि	–	सां	–	सां	सां	नि	रें	सां	–
क	छु	न	शो	ऽ	र	बा	ऽ	ना	ऽ	क	टु	ब	ति	या	ऽ
प	नि	सां	गं	गं	रें	सां	नि	प	म॑	गप	म	ग	रे	सा	–
भ	व	सा	ऽ	ग	र	हो	ऽ	अ	म्	रि–	त	प	नि	या	ऽ
सा	–	ग	म	प	–	नि	नि	सां	–	निध	नि	प	म॑	गम	ग
नै	ऽ	न	न	में	ऽ	तु	म	री	ऽ	मूऽ	ऽ	र	ति	याऽ	ऽ

स्थायी तान : नयनन में तुम

1. नि़सा गम पनि पनि । सांनि धप मग रेसा

नयनन में तुम

2. गम पनि सांगं रेंसां । निध पम गरे सा–

अंतरा तान : कछु न शो

1. पम॑ गम ग– रेसा । निनि धप म॑प गम । पम॑ गम गरे सा–

कछु न शो

2. मग रेसा नि़सा गम । पनि सांरें सांनि धप । गम पम गरे सा–

भजन : राग दरबारी कान्हड़ा, कहरवा ताल 8 मात्रा

सच्चिदानंद

गुरुदेव, गुरुदेव, गुरुदेव !

स्थायी : मेरे गुरु श्री प्रणवानंदा, कृपा तेरी शुभ सच्चिदानंदा ।।

अंतरा : 1. रूप सुमंगल त्रिशूल धारी, छवि निरंजन सुंदर सारी ।
उबारियो, बचाइयो, दुआ दीजो, शिव जगदानंदा ।।

2. अरुण वसन तव शुचि नारंगी, गल माला रुद्राक्ष की लंबी ।
उबारियो, बचाइयो, दुआ दीजो, गुरु परमानंदा ।।

3. मृग छाला पर बैठा जोगी, राह दिखावे जग उपयोगी ।
उबारियो, बचाइयो, दुआ दीजो, प्रभु आनंदकंदा ।।

स्थायी

X				0				X				0			
सा	नि़सा	रे	सा	(नि)ध़	–	ध़	नि़	नि़	रे	रे	सा	सा	–	सा	–
मे	रेऽ	ऽ	गु	रु	ऽ	श्री	ऽ	प्र	ण	वा	ऽ	नं	ऽ	दा	ऽ
म	म	–	म	प	–	प	प	प	म	पनि	प	ग	म	रे	सा
कृ	पा	ऽ	ते	री	ऽ	शु	भ	स	च्चि	दाऽ	ऽ	नं	ऽ	दा	ऽ
सा	नि़सा	रे	सा	(नि)ध़	–	ध़	नि़	नि़	रे	रे	सा	सा	–	सा	–
मे	रेऽ	ऽ	गु	रु	ऽ	श्री	ऽ	प्र	ण	वा	ऽ	नं	ऽ	दा	ऽ

अंतरा–1

X				0				X				0			
म	–	प	प	निध	–	नि	नि	सां	सां	–	सां	रें	नि	सां	–
रू	ऽ	प	सु	मंऽ	ऽ	ग	ल	त्रि	शू	ऽ	ल	धा	ऽ	री	ऽ
नि	निसां	रें	रें	रें	–	सां	सां	सां	नि	रें	सां	(नि)ध	–	नि	प
छ	विऽ	ऽ	नि	रं	ऽ	ज	न	सुं	ऽ	द	र	सा	ऽ	री	ऽ
प	रें	–	रें	रें	–	–	–	रें	रें	सां	रें	मंगं	–	–	–
उ	बा	ऽ	रि	यो	ऽ	ऽ	ऽ	ब	चा	ऽ	इ	योऽ	ऽ	ऽ	ऽ
गं	गं	–	गं	मं	रें	रें	सां	सां	नि	रें	सां	(नि)ध	–	नि	प
दु	आ	ऽ	दी	ज्यो	ऽ	शि	व	ज	ग	दा	ऽ	नं	ऽ	दा	ऽ
म	प	सां	सां	सां	–	प	प	प	म	पनि	प	(म)ग	म	रे	सा
दु	आ	ऽ	दी	जो	ऽ	शि	व	ज	ग	दाऽ	ऽ	नं	ऽ	दा	ऽ
सा	नि़सा	रे	सा	(नि)ध़	–	ध़	नि़	नि़	रे	रे	सा	सा	–	सा	–
मे	रेऽ	ऽ	गु	रु	ऽ	श्री	ऽ	प्र	ण	वा	ऽ	नं	ऽ	दा	ऽ

भजन : राग दुर्गा, कहरवा ताल 8 मात्रा : दुर्गे माँ ।

जै जै माँ, दुर्गे माँ । जै जै माँ, अंबे माँ ।।

स्थायी : **मोहे, भव से तारो दुर्गे माँ । मोरे, विघ्न उतारो अंबे माँ ।**
राह नहीं है तुम बिन जग में, चाह नहीं भवसागर में ।।

अंतरा : 1. **माता तुम हो काली कराली, देवी भवानी शेरोंवाली ।**
लीला तुमरी सब जग जानत, नारद शारद बरनत माँ ।
देवी, भाग्य जगादो चंडी माँ, मोरे, विघ्न उतारो अंबे माँ ।।

2. **नाता तुमरा आदि जनम का, जय जगदंबे जोताँवाली ।**
दे दो दरशन सपनन आकर, सुंदर मंगल सज धज माँ ।
देवी, भाग्य जगादो चंडी माँ, मोरे, विघ्न उतारो अंबे माँ ।।

3. **माया तुमरी न्यारी निराली, जय जगवंदे लाटाँवाली ।**
जै जै करते महिमा गाकर, शंकर किन्नर भगतन माँ ।
देवी, भाग्य जगादो चंडी माँ, मोरे, विघ्न उतारो अंबे माँ ।।

सा	**सा**	**रे**	–	–	–	–	–	**म**	**रे**	**सा**	–	–	–	–	–	**सा**	**रे**
जै	जै	माँ	ऽ	ऽ	ऽ	ऽ	ऽ	दुर्	गे	माँ	ऽ	ऽ	ऽ	ऽ	ऽ	जै	जै
		प	–	–	–	–	–	**म**	**रे**	**म**	–	–	–	–	–	**सा**	**सा**
		माँ	ऽ	ऽ	ऽ	ऽ	ऽ	अं	बे	माँ	ऽ	ऽ	ऽ	ऽ	ऽ	मो	हे

स्थायी

X				0				X				0			
–	**धध**	**प**	**म**	**प**	–	**म**	**रे**	**रे**	**रे**	**प**	–	**प**	–	**म**	**प**
ऽ	भव	से	ऽ	ता	ऽ	रो	ऽ	दु	र्	गे	ऽ	माँ	ऽ	मो	रे
–	**धध**	**प**	**म**	**प**	–	**म**	**रे**	**रे**	–	**प**	**म**	**म**	–	**सा**	**सा**
ऽ	विघ्	न	उ	ता	ऽ	रो	ऽ	अं	ऽ	बे	ऽ	माँ	ऽ	जै	जै
रे	–	–	–	–	–	**म**	**रे**	**सा**	–	–	–	–	–	**सा**	**रे**
माँ	ऽ	ऽ	ऽ	ऽ	ऽ	दुर्	गे	माँ	ऽ	ऽ	ऽ	ऽ	ऽ	जै	जै
प	–	–	–	–	–	**म**	**रे**	**म**	–	–	–	–	–	–	–
माँ	ऽ	ऽ	ऽ	ऽ	ऽ	अं	बे	माँ	ऽ	ऽ	ऽ	ऽ	ऽ	ऽ	ऽ
–	**म**	**–प**	**ध**	**सां**	–	**सां**	**ध**	–	**धरें**	**सां**	**ध**	**प**	**प**	**ध**	**^{प}म**
ऽ	रा	ऽह	न	हीं	–	है	ऽ	ऽ	तुम	बि	न	ज	ग	में	ऽ
–	**ध**	**–प**	**म**	**प**	–	**म**	**रे**	–	**रे–**	**प**	**म**	**म**	–	**सा**	**सा**
ऽ	चा	ऽह	न	हीं	ऽ	भ	व	ऽ	साऽ	ग	र	में	ऽ	मो	हे

अंतरा-1

X				0				X				0			
–	सांध	सा	–	सां	सां	सां	–	–	सां–	रें	ध	सां	–	सां	–
ऽ	माऽ	ता	ऽ	तु	म	हो	ऽ	ऽ	काऽ	ली	क	रा	ऽ	ली	ऽ
–	सांध	सां	रें	रें	–	रें	–	–	सांरें	मं	रें	सां	–	सां	–
ऽ	देऽ	वी	भ	वा	ऽ	नि	ऽ	ऽ	शेऽ	रों	ऽ	वा	ऽ	ली	ऽ
–	रें	–सां	ध	सां	सां	ध	प	–	पध	म	म	रे	–	सा	सा
ऽ	ली	ऽला	ऽ	तु	म	री	ऽ	ऽ	सब	ज	ग	जा	ऽ	न	त
–	सां–	सां	सां	सांध	रें	सां	सां	–	धध	म	म	प	–	म	प
ऽ	नाऽ	र	द	शाऽ	ऽ	र	द	ऽ	बर	न	त	माँ	ऽ	दे	वी
–	ध–	प	म	प	–	म	रे	रे	–	प	–	प	–	म	प
ऽ	भाऽ	ग्य	ज	गा	ऽ	दो	ऽ	चं	ऽ	डी	ऽ	माँ	ऽ	मो	रे
–	धध	प	म	प	–	म	रे	रे	–	प	म	म	–	सा	सा
ऽ	विघ्	न	उ	ता	ऽ	रो	ऽ	अं	ऽ	बे	ऽ	माँ	ऽ	मो	हे

संगीतश्रीकृष्णरामायण गीतमाला, पुष्प 318 of 763

भजन : राग वृंदावनी सारंग, कहरवा ताल 8 मात्रा

नंद किशोर

स्थायी : नंद किशोर को याद करले ।
सुख दुख चिंता उस पर छोड़ दे ।।

अंतरा : 1. प्रभु बिन अब तेरा, कौन है कौन है ।
जरा दिल की सुन, हरि बिन दुखियारा ।।

2. अरज बिना प्रभु, मौन है मौन है ।
याद करे तो, जीवन उजियारा ।।

3. हरि बिन क्या कुछ, और है और है ।
अरु कछु हो न हो, उस बिन नहीं चारा ।।

स्थायी

0				3				X				2			
रेम	प<u>नि</u>	ग	म	प<u>नि</u>	पम	रे	सा	रे	–	–	रे	म	रे	नि़	सा
नंऽ	ऽऽ	द	कि	शोऽ	ऽऽ	र	को	या	ऽ	ऽ	द	क	र	ले	ऽ
नि़	प़	नि़	नि़	सा	–	सा	–	रे	म	<u>नि</u>	प	मरे	–	रे	सा
सु	ख	दु	ख	चिं	ऽ	ता	ऽ	उ	स	प	र	छो	ऽ	ड़	दे
रेम	प<u>नि</u>	प	म	प<u>नि</u>	पम	रे	सा	रे	–	–	रे	म	रे	नि़	सा
नंऽ	ऽऽ	द	कि	शोऽ	ऽऽ	र	को	या	ऽ	ऽ	द	क	र	ले	ऽ

अंतरा–1

0				3				X				2			
म	म	प	प	नि	प	नि	नि	सां	–	सां	सां	रें	ऽ	नि	सां
प्र	भु	बि	न	अ	ब	ते	रा	कौ	ऽ	न	है	कौ	ऽ	न	है
रें	मं	रें	सां	नि	सां	नि	प	म	प	नि	प	मरे	रे	नि़	सा
ज	रा	दि	ल	की	ऽ	सु	न	ह	रि	बि	न	दु	खि	या	रा
रेम	पनि	प	म	पनि	पम	रे	सा	रे	–	–	रे	म	रे	नि़	सा
नंऽ	ऽऽ	द	कि	शोऽ	ऽऽ	र	को	या	ऽ	ऽ	द	क	र	ले	ऽ

संगीतश्रीकृष्णरामायण गीतमाला, पुष्प 320 of 763

खयाल : राग भैरव, तीन ताल 16 मात्रा

जै महेश ।

स्थायी : जै महेश, निर्‌गम तेरी माया, लीला से जग तू भरमाया ।
धूप कहीं पर है कहीं छाया ।।

अंतरा : 1. साँप गले में डाला तूने, गंगा मैया तेरी जटा में ।
आँख तीसरी विनाश लाने, नारी नटेश्वर अनुपम काया ।।
2. छाला हिरन की तेरी कटी पे, चंदा साजे तेरी जटा में ।
पाहि पाहि रे कृपालु प्यारे, दास तुम्हारी शरण में आया ।।

स्थायी

0				3				X				2			
मप	ध	प	म	प	ग	म	म	ग	ग	म	ग	रे	–	सा	–
जै-	ऽ	म	हे	ऽ	श	नि	र्	ग	म	ते	री	मा	ऽ	या	ऽ
नि़	ध़	नि़	सा	रे	–	सा	सा	ग	म	प	म	रे	–	सा	–
ली	ऽ	ला	ऽ	से	ऽ	ज	ग	तू	ऽ	भ	र	मा	ऽ	या	ऽ
नि़	सा	ग	म	प	ध	प	प	म	ध	सां	नि	धनि	धप	मप	गम
धू	ऽ	प	क	हीं	ऽ	प	र	है	ऽ	क	हीं	छाऽ	ऽऽ	याऽ	ऽऽ
मप	ध	प	म	प	ग	म	म	ग	ग	म	ग	रे	–	सा	–
जै-	ऽ	म	हे	ऽ	श	नि	र्	ग	म	ते	री	मा	ऽ	या	ऽ

अंतरा–1

0				3				X				2			
म	–	प	प	ध	–	नि	–	सां	–	सां	–	नि	रें	सां	–
साँ	ऽ	प	ग	ले	ऽ	में	ऽ	डा	ऽ	ला	ऽ	तू	ऽ	ने	ऽ
नि	ध	ध	–	नि	सां	सां	–	निसां	रें	सां	सां	नि	सां	ध	प
गं	ऽ	गा	ऽ	मै	ऽ	या	ऽ	तेऽ	ऽ	री	ज	टा	ऽ	में	ऽ
ग	म	प	ध	सां	नि	ध	प	म	ग	म	म	गरे	–	सा	–
आँ	ऽ	ख	ती	ऽ	स	री	ऽ	वि	ना	ऽ	श	ला	ऽ	ने	ऽ
नि़	सा	ग	म	प	ध	प	प	म	ध	सां	नि	धनि	धप	मप	गम
ना	ऽ	री	न	टे	ऽ	श्व	र	अ	नु	प	म	काऽ	ऽऽ	याऽ	ऽऽ
मप	ध	प	मप	ध	प	म	म	मग	ग	म	म	रे	–	सा	–
जैऽ	ऽ	म	हेऽ	ऽ	श	नि	र्	ग	म	ते	री	मा	ऽ	ऽ	या
मप	ध	प	म	प	ग	म	म	ग	ग	म	ग	रे	–	सा	–
जै-	ऽ	म	हे	ऽ	श	नि	र्	ग	म	ते	री	मा	ऽ	या	ऽ

संगीतश्रीकृष्णरामायण गीतमाला, पुष्प 327 of 763

कीर्तन : कहरवा ताल 8 मात्रा

पिता महादेवा, माता पार्वती ।

स्थायी : पिता महादेवा, माता पार्वती, पावन पुत्र गणेशा ।।

अंतरा : 1. शंभो शंकर, हे मन भावन, तेरा कीर्तन सब से पावन ।
जय जय जय गण नाथा ।।

2. दुर्गे देवी, गौरी भवानी, तेरी माया है जग जानी ।
जय जय जय जग माता ।।

3. बुद्धि दायक, सिद्धि विनायक, तेरी किरपा है सुख दायक ।
जय जय जय गुण दाता ।।

स्थायी

X				0				X				0			
ग	सा	ग	ग	म	–	म	–	ग	सा	ग	ग	म	म	म	–
पि	ता	म	हा	दे	ऽ	वा	ऽ	मा	ऽ	ता	पा	र्	व	ती	ऽ
प	सां	सां	सां	नि	प	म	ग	प	–	–	–	म	–	–	–
पा	ऽ	व	न	पु	ऽ	त्र	ग	णे	ऽ	ऽ	ऽ	शा	ऽ	ऽ	ऽ

अंतरा-1

X				0				X				0			
नि	–	नि	–	नि	–	नि	सां	ध	–	म	–	प	–	ध	ध
शं	ऽ	भो	ऽ	शं	ऽ	क	र	हे	ऽ	म	न	भा	ऽ	व	न
नि	–	नि	–	नि	–	नि	सां	ध	ध	म	–	प	–	ध	ध
ते	ऽ	रा	ऽ	की	ऽ	र्ज	न	स	ब	से	ऽ	पा	ऽ	व	न
ग	ग	ग	ग	म	म	प	ध	म	–	–	–	म	–	–	–
ज	य	ज	य	ज	य	ग	ण	ना	ऽ	ऽ	ऽ	था	ऽ	ऽ	ऽ
ग	सा	ग	ग	म	–	म	–	ग	सा	ग	ग	म	म	म	–
पि	ता	म	हा	दे	ऽ	वा	ऽ	मा	ऽ	त	पा	र्	व	ती	ऽ
प	सां	सां	सां	नि	प	म	ग	प	–	–	–	म	–	–	–
पा	ऽ	व	न	पु	ऽ	त्र	ग	णे	ऽ	ऽ	ऽ	शा	ऽ	ऽ	ऽ

संगीतश्रीकृष्णरामायण गीतमाला, पुष्प 334 of 763

खयाल : राग बहार, एक ताल 12 मात्रा

ऋतु बसंत ।

स्थायी : **बिंदु बिंदु अंबु झरत, ऋतु बसंत आयी ।**
शीतल पवन पुरवाई, मन में उमँग है लायी ।।

अंतरा : **रंग रंग मंजरियाँ, फूल फूल चंचरीक ।**
पपैया की मधुर तान, मोरे मन भायी ।।

स्थायी

X		0		2		0		3		4	
नि	सां	रें	सां	नि	सां	निध	नि	प	प	प	प
बिं	ऽ	दु	बिं	ऽ	दु	अंऽ	ऽ	बु	झ	र	त
म	प	निप	ग	–	म	म	नि	ध	नि	–	सां
ऋ	तु	बऽ	सं	ऽ	त	आ	ऽ	ऽ	यी	ऽ	ऽ
निध	नि	प	प	म	प	ग	ग	म	रे	–	सा
शीऽ	ऽ	त	ल	प	व	न	पु	र	वा	ऽ	ई
सा	म	म	प	ग	म	नि	ध	नि	–	सां	–
म	न	में	उ	मँ	ऽ	ग	है	ला	ऽ	यी	ऽ

अंतरा–1

X		0		2		0		3		4	
म	ग	म	नि	ध	नि	सां	–	सां	नि	सां	–
रं	ऽ	ग	रं	ऽ	ग	मं	ऽ	ज	रि	याँ	ऽ
नि	–	नि	नि	सां	सां	नि	सां	रें	सांनि	ध	ध
फू	ऽ	ल	फू	ऽ	ल	चं	ऽ	च	री	ऽ	क
सां	मंगं	मं	रें	गं	रें	नि	सां	रें	सांनि	ध	ध
प	पैऽ	ऽ	या	ऽ	की	म	धु	र	ता	ऽ	न
धनि	सां–	निसां	धनि	सां–	निप	मप	नि–	पम	गम	रेसा	ऩिसा
मोऽ	ऽऽ	ऽऽ	रेऽ	ऽऽ	ऽऽ	मऽ	ऽऽ	नऽ	भाऽ	ऽऽ	यीऽ

बढ़हत : **बिंदु बिंदु अंबु झरत, ऋतु बसंत आयी ।**

1. **सांरें सांसां नि – ध – नि – – सां,**
आऽ ऽऽ ऽ ऽ ऽ ऽ यी ऽ ऽ ऽ,
ग – म – नि – ध – नि – – सां,
आ ऽ ऽ ऽ ऽ ऽ ऽ ऽ यी ऽ ऽ ऽ,
नि प प नि म प – ग – – म म,
ऋ तु ब ऽ सं ऽ ऽ ऽ ऽ ऽ ऽ ऽ त,
सा म – – प ग – म – म,
ब सं ऽ ऽ ऽ ऽ ऽ ऽ ऽ त,
म नि – ध – नि – – सां
आ ऽ ऽ ऽ ऽ यी ऽ ऽ ऽ

बिंदु बिंदु अंबु झरत, ऋतु बसंत आयी ।

2. **सांरें निसां नि – ध नि – – सां,**
आऽ ऽऽ ऽ ऽ ऽ ऽ ऽ ऽ यी,
धनि सांरें – रेंगं रेंगं रेंसां नि सां,
आऽ ऽऽ ऽ ऽऽ ऽऽ ऽऽ ऽ ऽ,
सांरें निसां नि – ध – नि – सां,
ऽऽ ऽऽ ऽ ऽ ऽ ऽ यी ऽ ऽ,
ध – नि – सां – मंगं – मंगं – मं रें सां,
आ ऽ ऽ ऽ ऽ ऽ ऽ ऽ ऽ ऽ ऽ ऽ ऽ,
सांरें निसां नि ध – नि – सां
ऽऽ ऽऽ ऽ ऽ ऽ यी ऽ ऽ

स्थायी तान : **बिंदु बिंदु**

1. **निध निसां । निप मप । गम रेसा**

बिंदु बिंदु

2. निसां रेंसां । निप मप । गम रेसा

अंतरा तान : रंग रंग

1. धनि सांध । निसां धनि। सांरें सांसां । गंमं रेंसां । निसां गंमं । रेंसां निसां ।
निध निसां । निप मप । गम रेसा

रंग रंगमं जरियाँ ऽ

2. धनि सांरें । सांसां धनि । सांसां निप । मप निनि । पम गम । रेसा ऩिसा ।
सासा मम । पम गम । निध निसां । गंमं रेंसां । निसां गम । रेसा ऩिसा

संगीतश्रीकृष्णरामायण गीतमाला, पुष्प 338 of 763

भजन : राग अहीर भैरव, कहरवा ताल 8 मात्रा

भजन : शिवजी वंदना

स्थायी : अर्पण है अहिधारी, उमापति! दर्शन दो त्रिपुरारि ।
नाथ हमारे भोले भाले, हम हैं तेरी बलिहारी ।।

अंतरा : 1. आस लगाये साँझ सकारे, दया दिखा दो शेखर प्यारे ।
शिव शंकर जी लीला दिखा दो, भाल चंद्र शशिधारी ।।

2. सांब सदाशिव खेवन हारे, तुम्हें मनाते भगतन सारे ।
भव सागर को पार कराओ, गंगाधर हितकारी ।।

स्थायी

X				0				X				0			
–	मग	रे	सा	ऩि	प़	–ऩि	रे	सा	–	सा	सा	म	–	ग	ग
ऽ	अर्	प	ण	है	ऽ	ऽअ	हि	धा	ऽ	री	उ	मा	ऽ	प	ति
–	मग	रे	सा	ऩि	प़	–ऩि	रे	सा	–	सा	–	–	–	–	–
ऽ	दर्	श	न	दो	ऽ	ऽत्रि	पु	रा	ऽ	रि	ऽ	ऽ	ऽ	ऽ	ऽ
–	मग	रे	ऩि	रे	–	रे	–	–	सारे	म	ग	म	–	म	–
ऽ	नाऽ	थ	ह	मा	ऽ	रे	ऽ	ऽ	भोऽ	ले	ऽ	भा	ऽ	ले	ऽ
–	मध	ध	ध	ध	नि	–सां	रें	सां	–	सां	–	नि	ध	प	म
ऽ	हम्	हैं	ते	री	ऽ	ऽब	लि	हा	ऽ	री	ऽ	ऽ	ऽ	ऽ	ऽ
–	गप	ग	रे	सा	ऩि	–ऩि	रे	सा	–	सा	सा	ऩि	प़	रे	रे
ऽ	हम्	हैं	ते	री	ऽ	ऽब	लि	हा	ऽ	री	उ	मा	ऽ	प	ति
–	मग	रे	सा	ऩि	प़	–ऩि	रे	सा	–	सा	सा	–	–	–	–
ऽ	अर्	प	ण	है	ऽ	ऽअ	हि	धा	ऽ	रि	ऽ	ऽ	ऽ	ऽ	ऽ

अंतरा-1

X				0				X				0			
–	म	ध	नि	सां	–	सां	नि	–	रें	–रें	सां	नि	रें	सां	–
ऽ	आ	स	ल	गा	ऽ	ये	ऽ	ऽ	साँ	ऽझ	स	का	ऽ	रे	ऽ
–	म	ध	नि	सां	–	सां	नि	–	रें	–रें	सां	नि	रें	सां	–
ऽ	द	या	दि	खा	ऽ	दो	ऽ	ऽ	शे	ऽख	र	प्या	ऽ	रे	ऽ
–	सांरें	गं	रें	सां	सां	निध	पध	–	निध	प	म	म	–	प	ग
ऽ	शिव	शं	ऽ	क	र	जीऽ	ऽऽ	ऽ	लीऽ	ला	दि	खा	ऽ	दो	ऽ
–	गप	ग	रे	सा	ऩि	ऩि	रे	सा	–	सा	सा	ऩि	प़	रे	रे
ऽ	भाऽ	ल	चं	ऽ	द्र	श	शि	धा	ऽ	री	उ	मा	ऽ	प	ति
–	मग	रे	सा	ऩि	प़	–ऩि	रे	सा	–	सा	–	–	–	–	–
ऽ	अर्	प	ण	है	ऽ	ऽअ	हि	धा	ऽ	री	ऽ	ऽ	ऽ	ऽ	ऽ

संगीतश्रीकृष्णरामायण गीतमाला, पुष्प 346 of 763

कीर्तन : कहरवा ताल 8 मात्रा

राधे मुकुंद माधव ।

स्थायी : हरि हरि बोल, हरि हरि बोल ।
राधे मुकुंद माधव हरि हरि बोल । राधे अनंत केशव हरि हरि बोल ।।

अंतरा : 1. गोपाल गोपाल हरि हरि बोल, गोविंद गोविंद हरि हरि बोल ।
आनंद आनंद जय जय बोल, गोपाल गोविंद आनंद बोल ।।

2. गिरिधारी गिरिधारी हरि हरि बोल, वनमाली वनमाली हरि हरि बोल ।
बनवारी बनवारी जय जय बोल, गोपाल गोविंद आनंद बोल ।।

3. कान्हा-तेरी अचंभे की लीला हो, कान्हा तेरी अनूठी ही माया, हो ।
सखे! कान्हा की राधे की जय जय बोल, गोपाल गोविंद आनंद बोल ।।

स्थायी

X				0				X				0			
सां	सां	सां	सां	सां	–	–	सां	नि	ध	नि	रें	सां	सां	म	ग
ह	रि	ह	रि	बो	ऽ	ऽ	ल	ह	रि	ह	रि	बो	ल	रा	धे
म	ध	–	नि	सां	–	नि	ध	म	ध	म	ग	म	–	ग	ग
मु	कुं	ऽ	द	मा	ऽ	ध	व	ह	रि	ह	रि	बो	ल	रा	धे
म	ध	–	नि	सां	–	नि	ध	म	ध	म	ग	म	–	–	म
अ	नं	ऽ	त	के	ऽ	श	व	ह	रि	ह	रि	बो	ऽ	ऽ	ल

अंतरा-1

X			0			X			0		
ध	-	ध ध	ध	-	ध ध	प	म	प नि	ध	-	- ध
गो	ऽ	पा ल	गो	ऽ	पा ल	ह	रि	ह रि	बो	ऽ	ऽ ल
नि	-	नि नि	नि	-	नि नि	ध	म	ध नि	नि	-	- नि
गो	ऽ	विं द	गो	ऽ	विं द	ह	रि	ह रि	बो	ऽ	ऽ ल
सां	-	सां सां	सां	-	सां सां	नि	ध	नि सां	सां	-	- सां
आ	ऽ	नं द	आ	ऽ	नं द	ज	य	ज य	बो	ऽ	ऽ ल
रें	-	रें रें	रें	-	रें रें	सां	नि	सां रें	सां	सां	म ग
गो	ऽ	पा ल	गो	ऽ	विं द	आ	ऽ	नं द	बो	ल रा	धे

 संगीतश्रीकृष्णरामायण गीतमाला, पुष्प 352 of 763

कीर्तन : कहरवा ताल 8 मात्रा

शिव ओम् हरि ओम् ।

स्थायी : शिव ओम् हरि ओम् शिव बोलो सदा ।
शिव ओम् हरि ओम् गाओ सदा ।।

अंतरा : 1. नमो नमो नमो नमो गजानना,
जन गण तारो महेश्वरा ।
नमो नमो नमो नमो नारायणा ।।

2. शिव शिव शंकर दिगंबरा,
हमको वर दो सदाशिवा ।
शिव शिव मंगल निरंजना ।।

3. जय जय जय जय जटाधरा,
तुम जग सुंदर सुदर्शना ।
जय जय जय जय जनार्दना ।।

स्थायी

X			0			X			0		
सा	ग	म म	म म	म म	म म	प	- ग	म	प	-	- -
शि व	ओ म्	ह रि	ओ म्	शि व	बो ऽ	लो	स दा	ऽ	ऽ	ऽ	
सां सां	नि प	नि नि	प म	ग	- म	प म	-	- -			
शि व	ओ म्	ह रि	ओ म्	गा	ऽ ओ	स दा	ऽ	ऽ ऽ			

अंतरा–1

X				0				X				0			
म	म	प	सां	सां	सां	सां	सां	नि	सां	गं	नि	सां	–	नि	प
न	मो	न	मो	न	मो	न	मो	ग	जा	ऽ	न	ना	ऽ	ऽ	ऽ
म	म	प	सां	सां	सां	सां	सां	नि	सां	गं	नि	सां	–	नि	प
ज	न	ग	ण	ता	ऽ	रो	ऽ	म	हे	ऽ	श्व	रा	ऽ	ऽ	ऽ
सां	सां	नि	प	नि	नि	प	म	ग	–	म	प	म	–	सा	ग
न	मो	न	मो	न	मो	न	मो	ना	ऽ	रा	य	णा	ऽ	शि	व
म	म	म	म	म	म	म	म	प	–	ग	म	प	–	–	–
ओ	म्	ह	रि	ओ	म्	शि	व	बो	ऽ	लो	स	दा	ऽ	ऽ	ऽ
सां	सां	नि	प	नि	नि	प	म	ग	–	म	प	म	–	–	–
शि	व	ओ	म्	ह	रि	ओ	म्	गा	ऽ	ओ	स	दा	ऽ	ऽ	ऽ

अंतरा–2

X				0				X				0			
सां	सां	सां	सां	सां	–	सां	सां	नि	सां	गं	नि	सां	–	नि	प
शि	व	शि	व	शं	ऽ	क	र	दि	गं	ऽ	ब	रा	ऽ	ऽ	ऽ
सां	सां	सां	–	सां	सां	सां	–	नि	सां	गं	नि	सां	–	नि	प
ह	म	को	ऽ	व	र	दो	ऽ	स	दा	ऽ	शि	वा	ऽ	ऽ	ऽ
सां	सां	नि	प	नि	–	प	म	ग	म	–	प	म	–	सा	ग
शि	व	शि	व	मं	ऽ	ग	ल	नि	ऽ	रं	ज	ना	ऽ	शि	व
म	म	म	म	म	म	म	म	प	–	ग	म	प	–	–	–
ओ	म्	ह	रि	ओ	म्	शि	व	बो	ऽ	लो	स	दा	ऽ	ऽ	ऽ
सां	सां	नि	प	नि	नि	प	म	ग	–	म	प	म	–	सा	ग
शि	व	ओ	म्	ह	रि	ओ	म्	गा	ऽ	ओ	स	दा	ऽ	शि	व

संगीतश्रीकृष्णरामायण गीतमाला, पुष्प 362 of 763

भजन : राग काफी, कहरवा ताल 8 मात्रा

शिव पार्वती गणेश

स्थायी : शिव पार्वती गणेश, जय जय शिव पार्वती गणेश ।
ध्याऊँ तुमको, पाऊँ तुम को, वंदन करूँ महेश ।।

अंतरा : 1. ज्यों हि तुमरे सुमिरण कीने, सपनन तुमने दरशन दीने ।
भवसागर से सुखसागर में, दूर हुए क्लेष ।।

2. जो भी तुमरे दर पर आवे, पल में उसके घर भर जावे ।
दुःख जगत के वो तर जावे, तेरी कृपा उमेश ।।

3. कोई तुमसे अलख नहीं है, सारी तुमसे व्याप्त मही है ।
तेरी कृपा से हसरत मेरी, पूर्ण हुई अशेष ।।

स्थायी

X				0				X				0			
–	मप	नि	–	नि	सां	प	प	प	ध	–	प	म	ग	सा	नि़
ऽ	शिव	पा	ऽ	र्व	ती	ऽ	ग	णे	ऽ	ऽ	श	ज	य	ज	य
–	नि़सा	रे	प	म	रे	सा	नि़	सा	–	–	सा	म	रे	सा	नि़
ऽ	शिव	पा	ऽ	र्व	ती	ऽ	ग	णे	ऽ	ऽ	श	ज	य	ज	य
–	नि़सा	रे	प	म	रे	सा	नि़	सा	–	–	सा	–	–	–	–
ऽ	शिव	पा	ऽ	र्व	ती	ऽ	ग	णे	ऽ	ऽ	श	ऽ	ऽ	ऽ	ऽ
–	मप	नि	–	नि	नि	नि	–	–	सां	–	सां	रें	नि	सां	–
ऽ	ध्याऽ	ऊँ	ऽ	तु	म	को	ऽ	ऽ	पा	ऽ	ऊँ	तु	म	को	ऽ
–	नि	–	निनि	ध	म	प	ध	प	–	–	–	मध	पम	गरे	सानि़
ऽ	वं	ऽ	दन	क	रूँ	ऽ	म	हे	ऽ	ऽ	ऽ	ऽऽ	ऽऽ	ऽऽ	शऽ
–	नि़सा	रे	प	म	रे	सा	नि़	सा	–	–	सा	म	ग	सा	नि़
ऽ	शिव	पा	ऽ	र्व	ती	ऽ	ग	णे	ऽ	ऽ	श	ज	य	ज	य
–	नि़सा	रे	प	म	रे	सा	नि़	सा	–	–	–	–	–	–	सा
ऽ	शिव	पा	ऽ	र्व	ती	ऽ	ग	णे	ऽ	ऽ	ऽ	ऽ	ऽ	ऽ	श

अंतरा–1

X				0				X				0			
–	नि	ध	म	प	प	प	–	–	निध	म	म	प	–	प	–
ऽ	ज्यों	ऽ	हि	तु	म	रे	ऽ	ऽ	सुमि	र	ण	की	ऽ	ने	ऽ
–	निध	म	म	प	प	प	सां	–	निध	म	म	प	–	प	–
ऽ	स	प	नन	तु	म	ने	ऽ	ऽ	दर्	श	न	दी	ऽ	ने	ऽ
–	म	प	नि	नि	सां	सां	–	–	सांगं	रें	सां	रें	नि	सां	–
ऽ	भ	व	सा	ग	र	से	ऽ	ऽ	सुख	सा	ऽ	ग	र	में	ऽ
–	नि	–नि	नि	ध	म	प	ध	प	–	–	–	मध	पम	गरे	सानि़
ऽ	दू	ऽर	हु	ए	ऽ	ऽ	क्	ले	ऽ	ऽ	ऽ	ऽऽ	ऽऽ	ऽऽ	शऽ
–	नि़सा	रे	प	म	रे	सा	नि़	सा	–	–	सा	म	ग	सा	नि़
ऽ	शिव	पा	ऽ	र्व	ती	ऽ	ग	णे	ऽ	ऽ	श	ज	य	ज	य
–	नि़सा	रे	प	म	रे	सा	नि़	सा	–	–	सा	–	–	–	–
ऽ	शिव	पा	ऽ	र्व	ती	ऽ	ग	णे	ऽ	ऽ	श	ऽ	ऽ	ऽ	ऽ

संगीतश्रीकृष्णरामायण गीतमाला, पुष्प 370 of 763

अंबे माँ – कहरवा ताल

स्थायी : अंबे माँ वरदान दो मैं तेरे दुआरे ।
बिंती सुनो मैं आज, ओ मैया! तेरे चरन में ।।

अंतरा : 1. शंभु नंदिनी सिंह विराजे, शंख दुंदुभी डंका बाजे ।
तेरा हि जय जय कार, ओ मैया! तीनों भुवन में ।।

2. गंध पुष्प फल तुलसी दल से, पूजा तेरी मन निर्मल से ।
माता पिता का प्यार, ओ मैया! तेरे नयन में ।।

3. हाथ चक्र अरु वज्र विराजे, खड्ग पद्म और त्रिशूल साजे ।
असुरन का संघार, ओ मैया! तेरे वतन में ।।

4. भक्तन के तू काज सँवारे, आर्त जनन के कष्ट उबारे ।
दीनन पर उपकार, ओ मैया! तेरी शरण में ।।

स्थायी

X				0				X				0			
–	ग	–	ग	ग	रे	ग	प	म	–	–	रे	ग	रे	सा	ऩि
ऽ	अं	ऽ	बे	माँ	ऽ	व	र	दा	ऽ	ऽ	न	दो	ऽ	मैं	ऽ
सा	–	रे	म	ग	रे	सा	–	–	ग	ग	ग	ग	रे	ग	प
ते	ऽ	रे	दु	आ	ऽ	रे	ऽ	ऽ	बिं	ती	सु	नो	ऽ	मै	ऽ
म	–	–	रे	ग	रे	सा	ऩि	सा	–	रे	म	ग	रे	सा	–
आ	ऽ	ऽ	ज	ओ	ऽ	मै	या	ते	ऽ	रे	च	र	न	में	ऽ

अंतरा–1

X				0				X				0			
–	ग	–	गम	प	–	प	म	–	ध	ध	नि	ध	प	प	–
ऽ	शं	ऽ	भुऽ	नं	ऽ	दि	नी	ऽ	सिं	ह	वि	रा	ऽ	जे	ऽ
–	ग	–	गम	प	–	प	प	म	–	ध	धनि	ध	–	प	–
ऽ	शं	ऽ	खऽ	दुं	ऽ	दु	भी	ऽ	ऽ	डं	काऽ	बा	ऽ	जे	ऽ
–	ग	ग	ग	ग	रे	ग	प	म	–	–	रे	ग	–	सा	ऩि
ऽ	ते	रा	हि	ज	य	ज	य	का	ऽ	ऽ	र	ओ	ऽ	मै	या
सा	–	रे	म	ग	रे	सा	–	–	ग	ग	ग	ग	रे	ग	प
ती	ऽ	नों	भु	व	न	में	ऽ	ऽ	बिं	ती	सु	नो	ऽ	मै	ऽ
म	–	–	रे	ग	रे	सा	ऩि	सा	–	रे	म	ग	रे	सा	–
आ	ऽ	ऽ	ज	ओ	ऽ	मै	या	ते	ऽ	रे	च	र	न	में	ऽ

कीर्तन – कहरवा ताल

गणपति बाप्पा ।

स्थायी : गणपति बाप्पा गजानना, सिद्धि विनायक गज वदना ।।

अंतरा : 1. शंकर सुवना वरानना, गौरी मनोहर प्रभंजना, दुख हर ले तू निकंदना ।।

2. शुभ वर दे दे शुभानना, लंबोदर शिव सुनंदना, सब कुछ तू ही सनातना ।।

3. कीर्तन तेरा सुहावना, एक दंती श्री निरंजना, जन गण करते हैं वंदना ।।

स्थायी

X				0				X				0			
सा	रे	म	ग	म	–	म	–	म	ग	सा	रे	ग	–	–	–
ग	ण	प	ति	बा	ऽ	प्पा	ऽ	ग	जा	–	न	ना	ऽ	ऽ	ऽ
सा	रे	म	ग	मं	–	म	–	म	ग	सा	रे	ग	–	–	–
नि	सा	सा	सा	सा	रे	ग	प	ग	रे	ग	रे	सा	–	–	–
सि	ऽ	द्धि	वि	ना	ऽ	य	क	ग	ज	व	द	ना	ऽ	ऽ	ऽ

अंतरा–1

X				0				X				0			
ग	–	म	प	प	प	प	–	प	पध	नि	ध	प	–	म	ग
शं	ऽ	क	र	सु	व	ना	ऽ	व	राऽ	ऽ	न	ना	ऽ	ऽ	ऽ
ग	–	म	प	प	प	प	–	प	ध	सां	ध	प	–	–	–
शं	ऽ	क	र	सु	व	ना	ऽ	व	राऽ	ऽ	न	ना	ऽ	ऽ	ऽ
प	–	म	म	ग	रे	रे	रे	ग	पग	रे	सा	सा	–	–	–
गौ	ऽ	री	म	नो	ऽ	ह	र	प्र	भंऽ	ऽ	ज	ना	ऽ	ऽ	ऽ
ध	ध	प	म	ग	–	रे	–	ग	पग	रे	सा	सा	–	–	–
दु	ख	ह	र	ले	ऽ	तू	ऽ	नि	कं	ऽ	द	ना	ऽ	ऽ	ऽ
सा	रे	म	ग	मं	–	म	–	म	ग	सा	रे	ग	–	–	–
ग	ण	प	ति	बा	ऽ	प्पा	ऽ	ग	जा	–	न	ना	ऽ	ऽ	ऽ
नि	सा	सा	सा	सा	रे	ग	प	ग	रे	ग	रे	सा	–	–	–
सि	ऽ	द्धि	वि	ना	ऽ	य	क	ग	ज	व	द	ना	ऽ	ऽ	ऽ

कीर्तन – कहरवा ताल

श्री लक्ष्मी–नारायण ।

स्थायी : स्वामी नारायण हरि ओम्, स्वामी नरायण जय ओम् ।
स्वामी नारायण सत् ओम्, स्वामी नारायण हरि ओम् ।।

अंतरा : 1. अंतर्यामी दिगंत स्वामी, रिषीकेश हरि ओम् ।
शेषशायी सत् ओम्, स्वामी नारायण जय ओम् । स्वामी नारायण हरि ओम् ।।

2. दामोदर श्री अनंत साँई, मनोहारी हरि ओम् ।
राधेश्याम सत् ओम्, स्वामी नारायण जय ओम् । स्वामी नारायण हरि ओम् ।।

3. कमल नयन श्री मुकुंद माधो, गदाधारी हरि ओम् ।
राधेकृष्ण सत् ओम्, स्वामी नारायण जय ओम् । स्वामी नारायण हरि ओम् ।।

स्थायी

		X				0				X				0			
ध	ध	–	पध	प	म	रे	ग	–	पम	म	–	–	–	–	म	ध	ध
स्वा	मी	ऽ	नाऽ	रा	ऽ	य	ण	ऽ	हरि	ओ	ऽ	ऽ	ऽ	ऽ	म्	स्वा	मी
		–	पध	प	म	रे	ग	–	पम	म	–	–	–	–	म	सा	सा
		ऽ	नाऽ	रा	ऽ	य	ण	ऽ	जय	ओ	ऽ	ऽ	ऽ	ऽ	म्	स्वा	मी
		–	नि	सा	–	रे	रे	ग	रे	सा	–	–	–	–	सा	सा	सा
		ऽ	ना	रा	ऽ	य	ण	स	त्	ओ	ऽ	ऽ	ऽ	ऽ	म्	स्वा	मी
		–	नि–	सा	–	रे	रे	ग	रे	सा	–	–	–	–	सा	ध	ध
		ऽ	नाऽ	रा	ऽ	य	ण	ह	रि	ओ	ऽ	ऽ	ऽ	ऽ	म्	स्वा	मी
		–	पध	प	म	रे	ग	–	पम	म	–	–	–	–	–	–	म
		ऽ	नाऽ	रा	ऽ	य	ण	ऽ	हरि	ओ	ऽ	ऽ	ऽ	ऽ	ऽ	ऽ	म्

अंतरा–1

X				0				X				0			
–	ध	–प	म	म	–	म	–	म	प	नि	नि	नि	–	नि	प
ऽ	अं	ऽत	र्	या	ऽ	मी	ऽ	दि	गं	ऽ	त	स्वा	ऽ	मी	ऽ
प	रें	–	रें	–	गं	रें	सां	सां	–	–	–	–	–	ध	म
रि	षी	ऽ	के	ऽ	श	ह	रि	ओ	ऽ	ऽ	ऽ	ऽ	ऽ	ऽ	म्
म	रें	रें	रें	–	गं	रें	सां	सां	–	–	–	–	सां	ध	नि
शे	ऽ	ष	शा	ऽ	यी	स	त्	ओ	ऽ	ऽ	ऽ	ऽ	म्	स्वा	मी
रें	–	रें	–	रें	गं	रें	सां	सां	–	–	–	–	सां	ध	ध
ना	ऽ	रा	ऽ	य	ण	ज	य	ओ	ऽ	ऽ	ऽ	ऽ	म्	स्वा	मी
–	पध	प	म	रे	ग	–	पम	म	–	–	–	–	म	ध	ध
ऽ	नाऽ	रा	ऽ	य	ण	ऽ	हरि	ओ	ऽ	ऽ	ऽ	ऽ	म्	स्वा	मी

भजन : राग भूपाली, कहरवा ताल 8 मात्रा

राम का सुमिरण ।

स्थायी : नाम जपन करले, तन मन से । सुख दुख घड़ी हरि हरि मन भज ले ।।

अंतरा :
1. मन में भरले पूजन करले, अंदर राम का सुमिरन धर ले ।।
2. जिसके मुखमें राम बसा है, जीवन मानो वही भला है ।।
3. जिसने सुखमें नाम लिया है, दीपक जानो वहीं जला है ।।
4. जहरी दुनिया लोग लुटेरे, राम तेरा रखवारा ।।

स्थायी

X				0				X				0			
–	सारे	ग	रे	सा	ध़	सा	रे	ग	–	ग	प	रे	रे	सा	–
ऽ	नाऽ	म	ज	प	न	क	र	ले	ऽ	त	न	म	न	से	ऽ
–	गग	ग	रे	ग	प	प	प	–	गप	ध	प	ग	रे	सा	–
ऽ	सुख	दु	ख	घ	ड़ी	ह	रि	ऽ	हरि	म	न	भ	ज	ले	ऽ
–	सारे	ग	रे	सा	ध़	–	सारे	ग	–	ग	प	रे	रे	सा	–
ऽ	नाऽ	म	ज	प	न	ऽ	कर	ले	ऽ	त	न	म	न	से	ऽ

अंतरा-1

X				0				X				0			
–	पग	प	ध	सां	सां	सां	–	–	सांरें	गं	रें	सां	सां	ध	प
ऽ	मन	में	ऽ	भ	र	ले	ऽ	ऽ	पूऽ	ज	न	क	र	ले	ऽ
–	पग	प	ध	सां	सां	सां	–	–	सांरें	गं	रें	सां	ध	सां	–
ऽ	मन	में	ऽ	भ	र	ले	ऽ	ऽ	पूऽ	ज	न	क	र	ले	ऽ
–	पगं	रें	सां	सां	–	ध	प	–	गप	ध	प	ग	रे	सा	–
ऽ	अंऽ	द	र	रा	ऽ	म	का	ऽ	सुमि	र	न	ध	र	ले	ऽ
–	सारे	ग	रे	सा	ध़	सा	रे	ग	–	ग	प	रे	रे	सा	–
ऽ	नाऽ	म	ज	प	न	क	र	ले	ऽ	त	न	म	न	से	ऽ

संगीतश्रीकृष्णरामायण गीतमाला, पुष्प 420 of 763

गीत : कहरवा ताल 8 मात्रा

लव कुश

स्थायी : सुना रहे हैं लव कुश सुंदर । रामायण का कथा समुंदर ।

अंतरा : 1. ब्रह्मा बोले, नारद धाये । बाल्मीक लेखा, शारद गाये ।
मंगल पावन ये श्लोक सागर । आनंदित हैं भवानी शंकर ।।

2. अवध पुरी में रघुकुल साजा । दो वर दीना दशरथ राजा ।

कैकयी कुब्जा रचा कुचक्कर । भेजा वन में राम सुमंगल ।।

3. हरिण सुनहरा, हरण सिया का । जटायु शबरी, वध बाली का ।
लंका दाहन, सेतु बंधन । लखन संजीवन, रावण भंजन ।।

4. लव कुश बालक अश्व जीत कर । हारे हनुमत भरत लखन दल ।
भूप अवध का बना है राघव । हर्ष भरे हैं धरती अंबर ।।

स्थायी

X				0				X				0			
प	धनि	सां	नि	प	म॑	म॑	–	–	म॑ध	नि	ध	^{प}म	–	ग	ग
सु	नाऽ	ऽ	र	हे	ऽ	हैं	ऽ	ऽ	लव	कु	श	सुं	ऽ	द	र
–	गम	ध	प	रे	रे	सा	–	सा	ध	–	ध	निध	–	प	प
ऽ	राऽ	मा	ऽ	य	ण	का	ऽ	क	था	ऽ	स	मुंऽ	ऽ	द	र
प	धनि	सां	नि	प	म॑	म॑	–	–	म॑ध	नि	ध	^{प}म	–	ग	ग
सु	नाऽ	ऽ	र	हे	ऽ	हैं	ऽ	ऽ	लव	कु	श	सुं	ऽ	द	र

अंतरा

X				0				X				0			
–	गंगं	गं	रें	गं	–	गं	–	–	गंगं	गं	मं	गं	रें	रें	–
ऽ	ब्रऽ	ह्मा	ऽ	बो	ऽ	ले	ऽ	ऽ	नाऽ	र	द	धा	ऽ	ये	ऽ
–	निसां	नि	ध	नि	रें	रें	–	–	निरें	गं	रें	नि	रें	सां	–
ऽ	बाल्	मी	क	ले	ऽ	खा	ऽ	ऽ	शाऽ	र	द	गा	ऽ	ये	ऽ
–	प	–	सांनि	प	म॑	म॑	म॑	–	म॑म॑ध	नि	ध	म	–	ग	ग
ऽ	मं	ऽ	गल	पा	ऽ	व	न	ऽ	येश्लोऽ	क	ऽ	सा	ऽ	ग	र
–	गम	ध	प	रे	रे	सा	–	सा	ध	–	ध	निध	प	प	प
ऽ	आऽ	नं	ऽ	दि	त	हैं	ऽ	भ	वा	ऽ	नी	शंऽ	ऽ	क	र
प	धनि	सां	नि	प	म॑	म॑	–	–	म॑ध	नि	ध	^{प}म	–	ग	ग
सु	नाऽ	ऽ	र	हे	ऽ	हैं	ऽ	ऽ	लव	कु	श	सुं	ऽ	द	र

संगीतश्रीकृष्णरामायण गीतमाला, पुष्प 427 of 763

खयाल : राग शंकरा, झपताल 10 मात्रा

नील कण्ठ भोले

स्थायी : नील कण्ठ भोले गंगाधर, हे शंभो ।
भालचंद्र शशिधारी, त्रिपुरारी शूलपाणि ।।

अंतरा : वैकुंठ बिहारी रे! रक्षा कर गौरीनाथ ।
महादेव नंदीनाथ, शिव शंकर पाहि माम् ।।

स्थायी

X		0		2		0		3		4	
सां	–	सां	नि	ध	नि	प	–	निध	सां	नि	–
नी	ऽ	ल	क	ण्	ठ	भो	ऽ	ऽऽ	ऽ	ले	ऽ
प	–	प	ग	ग	प	रे	ग	रे	नि़	रे	सा
गं	ऽ	गा	ऽ	ध	र	हे	ऽ	शं	भो	ऽ	ऽ
सा	प़	प़	सा	–	सा	सा	प	ग	प	–	प
भा	ऽ	ल	चं	ऽ	द्र	श	शि	ऽ	धा	ऽ	री
प	नि	सां	रें	सां	–	नि	ध	नि	प	ग	प
त्रि	पु	रा	ऽ	री	ऽ	शू	ऽ	ल	पा	ऽ	णि

अंतरा–1

X		0		2		0		3		4	
पग	प	सां	–	सां	सां	सां	–	सांनि	रें	सां	–
वैऽ	ऽ	कुं	ऽ	ठ	बि	हा	ऽ	रीऽ	ऽ	रे	ऽ
सां	–	गं	–	गं	पं	रें	गं	रें	नि	रें	सां
र	ऽ	क्षा	ऽ	क	र	गौ	ऽ	री	ना	ऽ	थ
सा	सा	–	प	ग	ग	प	–	प	नि	सां	सां
म	हा	ऽ	दे	ऽ	व	नं	ऽ	दी	ना	ऽ	थ
प	नि	सां	रें	सां	सां	नि	ध	नि	प	ग	प
शि	व	शं	ऽ	क	र	पा	ऽ	हि	मा	ऽ	म्

बढ़हत : नील कण्ठ भोले ....

1. नि ध प – ग – प रे ग रे सा,
भो ऽ ऽ ऽ ऽ ऽ ऽ ऽ ऽ ले,
प़ नि़ सा ग – प रे ग रे सा,
नी ऽ ऽ ऽ ऽ ल कं ऽ ठ,
सा – प ग प रे ग रे सा
भो ऽ ऽ ऽ ऽ ऽ ऽ ले
नील कण्ठ भोले ....
नील कण्ठ भोले ....

2. पगप नि सां – नि रें सां –, प नि सां नि रें सां,
भोऽऽ ऽ ऽ ऽ ऽ ऽ ले ऽ, भो ऽ ऽ ऽ ऽ ले,
ग रे सा ग प नि सां नि रें सां – सांरेंनिसां नि – ध सां नि,
नी ऽ ऽ ऽ ल कं ऽ ऽ ऽ ठ ऽ भोऽऽऽ ऽ ऽ ऽ ऽ ले,

प नि सां गं – पं ^रें^गं रें सां,
नी ऽ ऽ ऽ ऽ ल कं ऽ ठ,
सांरेंनिसां नि – धप ग प सां नि – धप ग –,
भोऽऽऽ ऽ ऽ ऽऽ ऽ ऽ ऽ ले ऽ ऽऽ ऽ ऽ,
ग – प ^रे^ग रे सा
भो ऽ ऽ ऽ ऽ ले

स्थायी तान : नील कण्ठ

1. निध पध । पप गप । गरे सासा
   नील कण्ठ
2. सासा गग । पप निसां । रेंसां निसां

अंतरा तान : वैकुंठ बिहारी रे ऽ

1. पप निसां । रेंसां निसां । निध पप । गप निध । पप गप । गरे सासा
   वैकुंठ बिहारी रे ऽ
2. सासा गम । पप निसां । रेंसां निसां । गंरें सांसां । निध पप । गरे सासा

संगीतश्रीकृष्णरामायण गीतमाला, पुष्प 429 of 763

खयाल : राग दुर्गा, तीन ताल 16 मात्रा

ढूँढत पागल नैन ।

स्थायी : ढूँढत पागल नैन हमारे, मंदिर मंदिर इत उत तोहे । आन बसो मन मोरे ।।

अंतरा : 1. शिव ओम् शंकर सांब सदाशिव, हर गंगाधर प्यारे !
दिन में निश में कबहुँ बोलो, होंगे दरसन तोरे ।।

स्थायी

0				3				X				2			
सां	–	ध	प	म	–	रे	सा	रे	प	प	म	पध	पम	रे	सा
ढूँ	ऽ	ढ	त	पा	ऽ	ग	ल	नै	ऽ	न	ह	माऽ	ऽऽ	रे	ऽ
म	–	प	मरे	ध़	सा	सा	सा	रे	म	प	ध	पध	सां	प	ध
मं	ऽ	दि	र	मं	ऽ	दि	र	इ	त	उ	त	तोऽ	ऽ	हे	ऽ
रें	–	सां	ध	सां	–	ध	प	मप	धसां	धप	मप	धप	म	रे	सा
आ	ऽ	न	ब	सो	ऽ	म	न	मोऽ	ऽऽ	ऽऽ	ऽऽ	ऽऽ	ऽ	ऽ	रे
सां	–	ध	प	म	–	रे	सा	रे	प	प	म	पध	पम	रे	सा
ढूँ	ऽ	ढ	त	पा	ऽ	ग	ल	नै	ऽ	ना	ह	माऽ	ऽऽ	रे	ऽ

अंतरा–1

0				3				X				2			
म	म	प	ध	सां	–	सां	सां	ध	–	सां	रें	रें	–	रें	रें
शि	व	ओ	म्	शं	ऽ	क	र	सां	ऽ	ब	स	दा	ऽ	शि	व
सां	ध	सां	–	रें	–	रें	रें	सांरें	मं	रें	सां	धसां	धप	म	–
ह	र	गं	ऽ	गा	ऽ	ध	र	प्याऽ	ऽऽ	ऽऽ	ऽऽ	रेऽ	ऽऽ	ऽ	ऽ
रे	म	प	–	ध	सां	धसां	रेंसां	ध	ध	म	–	म	प	मप	ध
दि	न	में	ऽ	नि	श	मेंऽ	ऽऽ	क	ब	हुँ	ऽ	बोऽ	ऽ	लोऽ	ऽ
रें	–	सां	ध	सां	सां	ध	प	मप	धसां	धप	मप	धप	म	रे	सा
हों	ऽ	गे	ऽ	द	र	स	न	तोऽ	ऽऽ	ऽऽ	ऽऽ	ऽऽ	ऽ	रे	ऽ
सां	–	ध	प	म	–	रे	सा	रे	प	प	म	पध	पम	रे	सा
ढूँ	ऽ	ढ	त	पा	ऽ	ग	ल	नै	ऽ	ना	ह	माऽ	ऽऽ	रे	ऽ

स्थायी तान : ढूँढत पागल

1. रेम रेसा धसां धप । मप धप मम रेसा

ढूँढत पागल

2. धप मप धसां धप । मप धप मम रेसा

अंतरा तान : शिव ओम्

1. सारे मम रेसा ध़सा । सारे मप धसां धप । मप धप मम रेसा

शिव ओम्

2. सांसां धसां धप मप । धसां रेंसां धसां धप । मप धप मम रेसा

संगीतश्रीकृष्णरामायण गीतमाला, पुष्प 435 of 763

खयाल : राग पूरिया धनाश्री, तीन ताल 16 मात्रा

झनक झनक वीणा झनकारी ।

स्थायी : झनक झनक वीणा झनकारी,
मंजुल मंगल बंसी प्यारी ।

अंतरा : 1. छम् छम छम छम घुँघरू बोले,
पायल रुम झुम पैंजन बाजे ।
साथ मंजीरा धुन हिय हारी ।।

2. सर् सर सर सर घुँघटा सरके,
कुंडल चम चम बिंदिया चमके ।
नाचत चंचल राधा गोरी ।।

स्थायी

0				3				X				2			
प	प	म॑	ग	म॑	ध॒	नि	रें	नि	ध॒	प	प	म॑ध॒	प	म॑	ग
झ	न	क	झ	न	क	वी	ऽ	णा	ऽ	झ	न	काऽ	ऽ	री	ऽ
प	–	म॑	ग	म॑	रे॒	ग	ग	म॑	ध॒	म॑	ग	रे॒	–	सा	–
मं	ऽ	जु	ल	मं	ऽ	ग	ल	बं	ऽ	सी	ऽ	प्या	ऽ	री	ऽ
प	प	म॑	ग	म॑	ध॒	नि	रें	नि	ध॒	प	प	म॑ध॒	प	म॑	ग
झ	न	क	झ	न	क	वी	ऽ	णा	ऽ	झ	न	काऽ	ऽ	री	ऽ

अंतरा–1

0				3				X				2			
–	म॑	ग	ग	म॑	म॑	ध॒	ध॒	ध॒नि	सां	सां	–	नि	रें	सां	–
ऽ	छम्	छ	म	छ	म्	छ	म	घुँऽ	घ	रू	ऽ	बो	ऽ	ले	ऽ
–	नि	रें	गंगं	रेंगं	रें	सां	सां	निरें	सां	नि	ध॒	नि	ध॒	प	–
ऽ	पा	ऽ	यल	रुऽ	म	झु	म	पैऽ	ऽ	ज	न	बा	ऽ	जे	ऽ
–	प–	म॑	ग	म॑	रे॒	ग	–	म॑	ध॒	नि	रें	ध॒नि	ध॒	प	–
ऽ	साऽ	थ	मं	जी	ऽ	रा	ऽ	धु	न	म	न	हाऽ	ऽ	री	ऽ
प	प	म॑	ग	म॑	रे॒	ग	–	म॑	ध॒	म॑	ग	रे॒	–	सा	–
झ	न	क	झ	न	क	वी	ऽ	णा	ऽ	झ	न	का	ऽ	री	ऽ

स्थायी तान : झनक झनक वी ऽ

1. नि॒रे॒ गम॑ ध॒नि रेंनि । ध॒प म॑ग रे॒सा नि॒सा

झनक झनक वी ऽ

2. गम॑ ध॒नि रेंगं रेंसां । निध॒ पम॑ गम॑ रे॒सा

अंतरा तान : ऽ छम् छम छम छम

1. पम॑ गम॑ रे॒ग म॑ध॒ । निरें सांनि ध॒प म॑प

ऽ छम् छम छम छम घुँघरू बोले ऽ

2. नि॒रे॒ गम॑ ध॒नि ध॒प । म॑ध॒ निनि ध॒नि ध॒प ।
म॑ध॒ पम॑ गम॑ रे॒ग । पम॑ गम॑ गरे॒ सा–

संगीतश्रीकृष्णरामायण गीतमाला, पुष्प 446 of 763

ध्रुपद : कहरवा ताल 8 मात्रा

शिवगौरी ।

स्थायी : एक लिंग डमरू धर! जगदंबिके भव त्र्यंबिके!

दिगंबर गंगाधर, शिव शंकर, शिव शंकरी ।।

अंतरा : 1. हे महेश जय उमेश, रुद्र भद्र भूतनाथ!
हे भवानी महाकाली, त्राहि माम् भुवनेश्वरी! ।।
2. नीलकंठ भालचंद्र, भोलेनाथ तुम अनंत!
अंबे गौरी महाचंडी, पाहि माम् जगदीश्वरी! ।।

स्थायी

		X				0				X				0			
नि	नि	सां	–	–	–	–	नि	नि	प	मं	ग	ग	ग	–	–	मंध	मंग
ए	क	लिं	ऽ	ऽ	ऽ	ऽ	ग	ङ	म	रू	ऽ	ध	र	ऽ	ऽ	जऽ	गऽ
		रे	–	रे	रे	–	सा	गरे	रे	सा	–	सा	सा	–	–	नि़	नि़ध़
		दं	ऽ	बि	के	ऽ	ऽ	भऽ	व	त्र्यं	ऽ	बि	के	ऽ	ऽ	दि	गंऽ
		सा	–	–	–	–	–	नि़ध़	सा	नि़	–	–	–	–	–	नि़	रे
		बर	ऽ	ऽ	ऽ	ऽ	ऽ	गंऽ	गा	धर	ऽ	ऽ	ऽ	ऽ	ऽ	शि	व
		मं	–	मं	मं	ग	–	ग	रे	रे	सा	सा	सा	–	–	नि	नि
		शं	ऽ	क	र	ऽ	ऽ	शि	व	शं	ऽ	क	री	ऽ	ऽ	ए	क

अंतरा

x				0				x				0			
प	ग	प	सां	–	सां	सां	सां	सां	सां	–	सां	सां	–	सां	सां
हे	ऽ	म	हे	ऽ	श	ज	य	उ	मे	ऽ	श	रु	ऽ	द्र	भ
–	सां	सां	नि	रें	सां	–	सां	नि	–	नि	नि	–	नि	नि	नि
ऽ	द्र	भू	ऽ	त	ना	ऽ	थ	हे	ऽ	भ	वा	ऽ	नी	म	हा
–	नि	–	नि	धनि	सां	सां	सां	सां	सां–	नि	ध	नि	प	नि	नि
ऽ	का	ऽ	ली	त्राऽ	ऽ	हि	मा	म्	भुव	ने	ऽ	श्व	री	ए	क

संगीतश्रीकृष्णरामायण गीतमाला, पुष्प 450 of 763

भजन : राग खमाज, दादरा ताल 6 मात्रा

महर्षि वाल्मीकि ।

स्थायी : मनन मगन, सुमिरन रत, नयन मूँदे, भूले भान ।
जाप चलत, पाप जलत, राम राम, जपत नाम ।।

अंतरा : 1. भव विराग, वीतराग, चरम याग, परम त्याग ।
कर्म विरत, ध्यान निरत, नित्य घटत, पुण्य काम ।।
2. रव निवांत, पूर्ण शांत, मन नितांत, विगत भ्रांत ।
ध्येय अटल, हेतु सुफल, शून्य विलीन, पूज्य धाम ।।

स्थायी

X			0			X			0		
सा	सा	सा	ग	ग	म	प	ध	ग	म	प	ध
म	न	न	म	ग	न	सु	मि	र	न	र	त
सांनि	रेंसां	नि	ध	म	म	मप	ध	म	ग	–	ग
नऽ	यऽ	न	मूँ	ऽ	दे	भूऽ	ऽ	ले	भा	ऽ	न
नि	–	नि	नि	सां	सां	निध	नि	प	ध	नि	सां
जा	ऽ	प	च	ल	त	पाऽ	ऽ	प	ज	ल	त
प	सां	नि	ध	म	म	मप	ध	म	ग	–	ग
रा	ऽ	म	रा	ऽ	म	जऽ	प	त	ना	ऽ	म

अंतरा–1

X			0			X			0		
ग	म	ग	म	नि	ध	धनि	सां	नि	सां	–	सां
भ	व	वि	रा	ऽ	ग	वीऽ	ऽ	त	रा	ऽ	ग
प	नि	नि	नि	सां	सां	पनि	सांरें	सां	नि	ध	ध
च	र	म	या	ऽ	ग	पऽ	र	म	त्या	ऽ	ग
सा	सा	सा	ग	ग	म	प	ध	ग	म	प	ध
क	र्	म	वि	र	त	ध्या	ऽ	न	नि	र	त
सां	नि	नि	ध	म	म	मप	ध	म	ग	–	ग
नि	ऽ	त्य	घ	ट	त	पुऽ	ऽ	ण्य	का	ऽ	म

स्थायी तान : मनन मगन

1. निसा गम पम । गम पध पम । गम पध निध । पम गरे सा–

मनन मगन

2. गम पम गम । पध पम गम । पध निसां निध । पम गरे सा–

अंतरा तान : भव विराग

1. निसा गम पध । निसां निध पम । गम पध निध । पम गरे सा–

भव विराग

2. गम पध निसां । रेंसां निध पम । गम पध निध । पम गरे सा–

संगीतश्रीकृष्णरामायण गीतमाला, पुष्प 479 of 763

कजरी – कहरवा ताल 8 मात्रा

सावन की कजरिया ।

स्थायी : कैसी ये सुहानी सावन की कजरिया ।
शीतल रिमझिम झरियाँ ।।

अंतरा : 1. गरजत बिजुरिया, बरसत बदरिया ।

कान्हा रे छलकत, मोरी गगरिया ।।

2. दूर मोरी नगरिया, छोड़ मोरी डगरिया ।
कान्हा रे भीग गयी, मोरी चुनरिया ।।

3. आज तोरी साँवरिया, लूँगी मैं खबरिया ।
ना कर बरजोरी, मोरे कनाईया ।।

स्थायी

0				X				0				X			
म	–	म	–	म	प	प	नि	नि	–	नि	ध	प	ध	ध	ध
कै	ऽ	सी	ऽ	ये	ऽ	सु	ऽ	हा	ऽ	नी	ऽ	सा	ऽ	व	न
प	म	म	–	म	–	प	–	म	–	ग	–	सा	–	सा	–
की	ऽ	क	ऽ	ज	ऽ	रि	ऽ	या	ऽ	शी	ऽ	त	ऽ	ल	ऽ
ग	–	म	–	प	ध	प	ध	–	म	–	ग	म	–	–	–
रि	ऽ	म	ऽ	झि	ऽ	म	ऽ	ऽ	झ	ऽ	रि	याँ	ऽ	ऽ	ऽ
–	–	सां	–	सां	–	सां	–	सां	–	सां	–	सां	रें	सां	रें
ऽ	ऽ	शी	ऽ	त	ऽ	ल	ऽ	रि	ऽ	म	ऽ	झि	ऽ	म	ऽ
–	नि	–	ध	प	–	–	–	–	–	ग	–	ग	सा	सा	–
ऽ	झ	ऽ	रि	याँ	ऽ	ऽ	ऽ	ऽ	ऽ	शी	ऽ	त	ऽ	ल	ऽ
ग	–	म	–	प	ध	प	ध	–	म	–	ग	म	–	–	–
रि	ऽ	म	ऽ	झि	ऽ	म	ऽ	ऽ	झ	ऽ	रि	याँ	ऽ	ऽ	ऽ

अंतरा–1

0				X				0				X			
म	–	म	–	म	प	प	–	नि	–	नि	–	सां	–	सां	–
ग	ऽ	र	ऽ	ज	ऽ	त	ऽ	बि	ऽ	जु	ऽ	रि	ऽ	या	ऽ
सां	–	सां	–	सां	–	सां	नि	नि	रें	सां	रें	नि	–	ध	–
ब	ऽ	र	ऽ	स	ऽ	त	ऽ	ब	ऽ	द	ऽ	रि	ऽ	या	ऽ
म	–	म	–	म	प	प	–	नि	–	नि	–	सां	–	सां	–
ग	ऽ	र	ऽ	ज	ऽ	त	ऽ	बि	ऽ	जु	ऽ	रि	ऽ	या	ऽ
सां	–	सां	रें	रें	मं	मं	गं	गं	रें	रें	सां	सां	नि	ध	–
ब	ऽ	र	ऽ	स	ऽ	त	ऽ	ब	ऽ	द	ऽ	रि	ऽ	या	ऽ
म	–	म	–	म	प	–	–	नि	नि	नि	नि	ध	–	–	–
का	ऽ	न्हा	ऽ	रे	ऽ	ऽ	ऽ	छ	ल	क	त	मो	ऽ	ऽ	ऽ
प	–	म	–	म	–	प	–	म	–	ग	–	ग	सा	सा	–
री	ऽ	ग	ऽ	ग	ऽ	रि	ऽ	या	ऽ	शी	ऽ	त	ऽ	ल	ऽ
ग	–	म	–	प	ध	प	ध	–	म	–	ग	म	–	–	–
रि	ऽ	म	ऽ	झि	ऽ	म	ऽ	ऽ	झ	ऽ	रि	याँ	ऽ	ऽ	ऽ

ठुमरी : कहरवा ताल 8 मात्रा

घिर आये सावन के बादर कारे ।

स्थायी : घिर आये सावन के, बादर कारे ।
आजा री सजनीया, पपीहा पुकारे ।।

अंतरा : 1. मतवारी मोरनीया, नाच दिखावे ।
धुन टेर मोरवा की, मनवा रिझावे ।।

2. मेहा रे झरी तोरी, नेहा लगावे ।
शीतल रीम झीम, मोती पसारे ।।

स्थायी

			X				0				X				0			
	ग	म	प	सां	नि	सां	–	नि	प	प	ग	–	म	–	ग	–	सा	–
	घि	र	आ	ऽ	ऽ	ऽ	ऽ	ये	ऽ	सा	व	ऽ	न	ऽ	के	ऽ	ऽ	ऽ
			नि	–	–	नि	सा	ग	ग	ग	म	–	–	–	म	–	–	–
			ऽ	ऽ	ऽ	बा	ऽ	द	र	ऽ	का	ऽ	ऽ	ऽ	रे	ऽ	ऽ	ऽ
–	–	–	म	प	ग	–	म	प	ध	पसां	नि	ध	प	प	–			
			ऽ	ऽ	ऽ	आ	ऽ	जा	ऽ	री	स	ऽ	ज	ऽ	नि	ऽ	या	ऽ
			–	–	प	प	ध	मग	रे	ग	म	प	–	–	प	–	ग	म
			ऽ	ऽ	प	पी	ऽ	हाऽ	ऽ	पु	का	ऽ	ऽ	ऽ	रे	ऽ	घि	र

अंतरा–1

x				0				x				0			
–	–	–	म	प	नि	–	नि	सां	–	–	–	सां	सां	सां	–
ऽ	ऽ	ऽ	म	त	वा	ऽ	री	मो	ऽ	ऽ	ऽ	र	नी	या	ऽ
–	–	–	नि	–	सां	–	सां	नि	सां	नि	रेंसां	–	नि	–	प
ऽ	ऽ	ऽ	ना	ऽ	च	ऽ	दि	खा	ऽ	ऽ	ऽऽ	वे	ऽ	ऽ	ऽ
–	–	–	म	प	नि	–	नि	सां	–	–	–	सां	सां	सां	–
ऽ	ऽ	ऽ	म	त	वा	ऽ	री	मो	ऽ	ऽ	ऽ	र	नी	या	ऽ
–	–	–	नि	सां	रेंगं	मं	गं	सां	–	निरें	सां	नि	–	प	–
ऽ	ऽ	ऽ	ना	ऽ	च	ऽ	दि	खा	ऽ	ऽऽ	ऽ	वे	ऽ	ऽ	ऽ
–	–	–	प	सां	सां	–	रें	नि	–	नि	–	ध	प	प	–
ऽ	ऽ	ऽ	धु	न	टे	ऽ	र	मो	ऽ	र	ऽ	वा	ऽ	की	ऽ
–	–	–	ग	म	ग	रे	ग	म	प	–	–	प	–	ग	म
ऽ	ऽ	ऽ	म	न	वा	ऽ	रि	झा	ऽ	ऽ	ऽ	वे	ऽ	घि	र

राग : गौड़ मल्हार, तीन ताल 16 मात्रा

कारी बादरिया ।

स्थायी : कारी बादरिया भीनी चादरिया, चादरिया मोरी भीनी साँवरीया ।।

अंतरा : 1. पल छिन तड़पत मोरा मनवा, गरजत बरसत कारो बदरवा ।
अधीर भई मैं बाँवरिया ।।

2. कड़कत चमकत बैरी बिजुरिया, आजा बलमवा मोरी डगरिया ।
हार गई मैं साँवरिया ।।

स्थायी

0				3				X				2			
–	ग	रे	म	ग	रे	सा	–	गरे	ग	म	प	ग	प	म	ग
ऽ	का	री	बा	द	रि	या	ऽ	भीऽ	ऽ	नी	चा	द	रि	या	ऽ
–	गरे	प	प	प	–	प	प	धनि	सां	ध	प	ग	प	म	ग
ऽ	चाऽ	द	रि	या	ऽ	मो	री	भीऽ	ऽ	नी	साँ	व	री	या	ऽ
–	गरे	प	प	प	–	प	प	धनि	सांरें	सांनि	धप	ग	प	म	ग
ऽ	चाऽ	द	रि	या	ऽ	मो	री	भीऽ	ऽऽ	नीऽ	साँऽ	व	री	या	ऽ
–	ग	रे	म	ग	रे	सा	–	गरे	ग	म	प	ग	प	म	ग
ऽ	का	री	बा	द	रि	या	ऽ	भीऽ	ऽ	नी	चा	द	रि	या	ऽ

अंतरा–1

0				3				X				2			
–	पग	प	प	नि	ध	नि	नि	सां	–	सां	–	नि	रें	सां	–
ऽ	पल	छि	न	त	ड़	प	त	मो	ऽ	रा	ऽ	म	न	वा	ऽ
–	निनि	नि	नि	नि	नि	नि	नि	धनि	सां	नि	सां	ध	नि	ध	प
ऽ	गर	ज	त	ब	र	स	त	काऽ	ऽ	रो	ब	द	र	वा	ऽ
–	मरे	प	प	प	ध	प	–	धनि	सां	ध	प	ग	प	म	ग
ऽ	अधी	र	भ	ई	ऽ	मैं	ऽ	बाँऽ	ऽ	व	रि	या	ऽ	ऽ	ऽ
–	मरे	प	प	प	ध	प	–	धनि	सांरें	सांनि	धप	ग	प	म	ग
ऽ	अधी	र	भ	ई	ऽ	मैं	ऽ	बाँऽ	ऽऽ	वऽ	रिऽ	या	ऽ	ऽ	ऽ

स्थायी तान : कारी बादरिया ऽ

1. निसा रेग मप मग । रेग मप मग रेसा

कारी बादरिया ऽ

2. रेग मप मग रेग । मप धप मग रेसा

अंतरा तान : पल छिन तड़प

1. मग रेरे पप धनि । सांसां धनि पप मग । रेसा

पल छिन तड़पत मोरा मनवा ऽ

2. मग रेरे पप धनि । पप धनि सांरें सांसां । पप धनि सांरें गंरें । सांसां धप मग रेसा

गीत : राग भीमपलासी, कहरवा ताल 8 मात्रा

गरजत बरसत सावन आयो ।

स्थायी : गरजत बरसत सावन आयो, प्यासन दुखियन के मन भायो ।

अंतरा : 1. सब के मन में जोश जगायो, बन में पपीहा बहु हरषायो ।
मोर कोयलिया नाच नचायो ।।

2. तरु बेली पर फूल खिलायो, हरी हरियाली अनूप बिछायो ।
दुखी नैनन की आस बुझायो ।।

स्थायी

0				3				X				2			
पनि	सांनि	ध	प	नि	धप	म	प	ग	रे	(सा)नि़	सा	म	–	म	–
गऽ	रऽ	ज	त	ब	रऽ	स	त	सा	ऽ	व	न	आ	ऽ	यो	ऽ
ग	–	म	प	सां	सां	निध	प	ग	रे	(सा)नि़	सा	म	–	म	–
प्या	ऽ	स	न	दु	खि	यऽ	न	के	ऽ	म	न	भा	ऽ	यो	ऽ
पनि	सांनि	ध	प	नि	धप	म	प	ग	रे	(सा)नि़	नि़	सा	–	सा	–
गऽ	रऽ	ज	त	ब	रऽ	स	त	सा	ऽ	व	न	आ	ऽ	यो	ऽ

अंतरा-1

0				3				X				2			
प	प	प	–	म	निप	ग	म	प	–	नि	सां	गं	रें	सां	–
स	ब	के	ऽ	म	नऽ	में	ऽ	जो	ऽ	श	ज	गा	ऽ	यो	ऽ
नि	नि	सां	गं	रें	–	सां	–	नि	नि	नि	नि	ध	–	प	–
ब	न	में	प	पी	ऽ	हा	ऽ	ब	हु	ह	र	षा	ऽ	यो	ऽ
प	सां	नि	सां	प	नि	ध	प	ग	रे	(सा)नि़	नि़	सा	–	सा	–
मो	ऽ	र	को	य	लि	या	ऽ	ना	ऽ	च	न	चा	ऽ	यो	ऽ
पनि	सांनि	ध	प	नि	धप	म	प	ग	रे	(सा)नि़	नि़	सा	–	सा	–
गऽ	रऽ	ज	त	ब	रऽ	स	त	सा	ऽ	व	न	आ	ऽ	यो	ऽ

स्थायी तान : गरजत बरसत

1. नि़सा गम पनि सां– । निध पम गरे सा–

गरजत बरसत

2. गम पम पनि सां– । सांनि धप मग रेसा

अंतरा तान : सब के ऽ

1. मग रेसा नि़सा गम । पनि पनि सांनि धप । मप गम गरे सा–

सब के ऽ

2. नि़सा गम पम गम । पनि धप मप गम । पनि पनि सां– सां–

खयाल : राग भूपाली तीन ताल 16 मात्रा

सावन ऋतु आयो

स्थायी : सावन ऋतु आयो, सुख लायो । बरखा झरी रिम झिम बरसायो ।।

अंतरा : 1. धरती पहने सुंदर गहने, रंगीन वाले हरित सुहाने ।

2. बादल शीतल करत फुहारे, कोयल मंजुल कूहु पुकारे ।

स्थायी

0				3				X				2			
गप	धसां	ध	प	ग	रे	सा	रे	(सा)ध़	–	सा	रे	ग	–	ग	–
साऽ	ऽऽ	व	न	ऋ	तु	आ	ऽ	यो	ऽ	सु	ख	ला	ऽ	यो	ऽ
ग	ग	ग	रे	ग	प	ध	सां	ध	सां	ध	प	ग	रे	सा	–
ब	र	खा	ऽ	झ	री	रि	म	झि	म	ब	र	सा	ऽ	यो	ऽ
ग	ग	ग	रे	ग	प	ध	सां	ध	सां	ध	प	धसां	धप	गरे	सा–
ब	र	खा	ऽ	झ	री	रि	म	झि	म	ब	र	साऽ	ऽऽ	योऽ	ऽऽ
गप	धसां	ध	प	ग	रे	सा	रे	(सा)ध़	–	सा	रे	ग	–	ग	–
साऽ	ऽऽ	व	न	ऋ	तु	आ	ऽ	यो	ऽ	सु	ख	ला	ऽ	यो	ऽ

अंतरा–1

0				3				X				2			
प	प	प	ग	प	प	सां	ध	सां	–	सां	सां	सां	रें	सां	–
ध	र	ती	ऽ	प	ह	ने	ऽ	सुं	ऽ	द	र	ग	ह	ने	ऽ
ध	–	ध	ध	सां	–	रें	–	सांरें	गं	रें	सां	धसां	धप	गरे	सा–
रं	ऽ	गी	न	वा	ऽ	ले	ऽ	हऽ	रि	त	सु	हाऽ	ऽऽ	नेऽ	ऽऽ
गप	धसां	ध	प	ग	रे	सा	रे	(सा)ध़	–	सा	रे	ग	–	ग	–
साऽ	ऽऽ	व	न	ऋ	तु	आ	ऽ	यो	ऽ	सु	ख	ला	ऽ	यो	ऽ

स्थायी तान : सावन ऋतु आ ऽ

1. सारे गप धसां धप । सांसां धप गरे सा–

सावन ऋतु आ ऽ

2. सारे गप धसां रेंगं । रेंसां धप गरे सा–

अंतरा तान : धरती ऽ

1. सांसां धसां धप गप । धसां रेंसां धसां धप । गप धप गग रेसा

धरती पहने सुंदर

2. सारे गग रेग पप । गप धध पध सांसां । पध सांसां पध सांसां ।
पध सां,प धसां, पध । सांसां धप गग रेसा

खयाल : राग बसंत, कहरवा ताल 8 मात्रा

बसंत बरखा ।

स्थायी : रंग गुलों की शोभा न्यारी, गंध सुगंधित हिरदय हारी ।

अंतरा : 1. बसंत बरखा बरसत रिमझिम, मंजुल रंगों की फुलवारी ।

2. मोर पपीहा कोयल कारी, कूजत कूहु कूहु बारी बारी ।

स्थायी

0				3				X				2			
सां	–	नि	ध	प	–	मं	ग	मं	ध	नि	सां	रेंनि	सां	मं	ध
रं	ऽ	ग	गु	लों	ऽ	की	ऽ	शो	ऽ	भा	ऽ	न्याऽ	ऽ	री	ऽ
सां	–	नि	ध	प	–	मं	ग	ग	मं	ध	मं	ग	रे	सा	–
गं	ऽ	ध	सु	गं	ऽ	धि	त	हि	र	द	य	हा	ऽ	री	ऽ
सां	–	नि	ध	प	–	मं	ग	मं	ध	नि	सां	रेंनि	सां	मं	ध
रं	ऽ	ग	गु	लों	ऽ	की	ऽ	शो	ऽ	भा	ऽ	न्याऽ	ऽ	री	ऽ

अंतरा–1

0				3				X				2			
ग	मं	–	ध	धनि	सां	सां	–	सां	सां	सां	सां	नि	रें	सां	सां
ब	सं	ऽ	त	बऽ	र	खा	ऽ	ब	र	स	त	रि	म	झि	म
नि	रें	मं	गं	रें	–	सां	–	नि	ध	सां	सां	निरें	सांनि	धप	मंध
मं	ऽ	जु	ल	रं	ऽ	गों	ऽ	की	ऽ	फु	ल	वाऽ	ऽऽ	रीऽ	ऽऽ
सां	–	नि	ध	प	–	मं	ग	मं	ध	नि	सां	रेंनि	सां	मं	ध
रं	ऽ	ग	गु	लों	ऽ	की	ऽ	शो	ऽ	भा	ऽ	न्याऽ	ऽ	री	ऽ

स्थायी तान : रंग गुलों की ऽ

1. सासा मम गग मंध । निध पमं गरे सासा

रंग गुलों की ऽ

2. सासा मग मंध निसां । निसां पमं गरे सासा

अंतरा तान : बसंत बरखा –

1. मंग मंध निसां रेंसां । निध पमं गरे सासा

बसंत बरखा बरसत रिमझिम

2. सांनि धप मंग रेसा । सासा मम गग मंध ।

निसां रेंसां निसां रेंसां । निध पमं गरे सासा

राग : तोड़ी – कहरवा ताल

हे शिव शंभो ।

स्थायी : हे शिव शंभो! भवानी शंकर! सब संकट हारो ।

अंतरा : 1. आन पड़े हम भव मझ धारे, हे डमरूधर हमें बचा रे!
प्रभु हमको तारो ।।

2. भगत खड़े हैं तेरे दुआरे, तेरी दया की आशा धारे,
अब मंगल कारो ।।

3. दान कृपा का कीजो प्रभु जी, प्रेम की छाया हमको दीजो,
सब संकट टारो ।।

स्थायी

X				0				X				0			
सा	–	रे	ग	रे	सा	सा	–	नि़	ध़	ग	ग	रे	सा	सा	सा
हे	ऽ	शि	व	शं	ऽ	भो	ऽ	भ	वा	ऽ	नी	शं	ऽ	क	र
ध	ध	ध	–	मं	ग	रे	–	ग	–	–	–	रेमं	ग	रे	सा
स	ब	सं	ऽ	क	ट	हा	ऽ	रो	ऽ	ऽ	ऽ	ऽऽ	ऽ	ऽ	ऽ
सा	रे	ग	ध	मं	ग	रे	सा	सा	–	–	–	–	–	–	–
स	ब	सं	ऽ	क	ट	हा	ऽ	रो	ऽ	ऽ	ऽ	ऽ	ऽ	ऽ	ऽ

अंतरा–1

X				0				X				0			
ध	मं	मं	मं	ध	–	मं	ध	सां	सां	सां	सां	नि	रें	सां	–
आ	ऽ	न	प	ड़े	ऽ	ह	म	भ	व	म	झ	धा	ऽ	रे	ऽ
सां	–	रें	गं	रें	गं	रें	सां	सां	सां	–	सां	नि	सां	नि	ध
हे	ऽ	ड	म	रू	ऽ	ध	र	ह	में	ऽ	ब	चा	ऽ	रे	ऽ
मं	मं	ध	नि	धमं	ग	रे	–	ग	–	–	–	रे	मंग	रे	सा
प्र	भु	ह	म	कोऽ	ऽ	ता	ऽ	रो	ऽ	ऽ	ऽ	ऽ	ऽऽ	ऽ	ऽ
सा	रे	ग	ध	मं	ग	रे	सा	सा	–	–	–	–	–	–	–
स	ब	सं	ऽ	क	ट	हा	ऽ	रो	ऽ	ऽ	ऽ	ऽ	ऽ	ऽ	ऽ
सा	–	रे	ग	रे	सा	सा	–	नि़	ध़	ग	ग	रे	सा	सा	सा
हे	ऽ	शि	व	शं	ऽ	भो	ऽ	भ	वा	ऽ	नी	शं	ऽ	क	र

खयाल : बागेश्री, तीन ताल

रात सुहानी सुहाग की ।

स्थायी : रात सुहानी सुहागी । रे सजनवा! मधुर सुखारी ।।

अंतरा : 1. सुमन की सेज सजी, मोतियन माला ।
शोभिवंत झूला है, चंदन वाला ।।

2. रेशम की चदरिया, जरी बूटी बेला ।
सज धज आयी मैं, काजल काला ।।

स्थायी

	3				X				2				0			
ग	म	ध	–	ध	नि	–	ध	म	म	ग	म	ग	रे	–	सा	ग
रा	ऽ	त	ऽ	सु	हा	ऽ	नी	ऽ	सु	ऽ	ऽ	ऽ	हा	ऽ	नी	रा
	म	ध	–	ध	नि	–	ध	म	म	ग	म	ग	रे	–	सा	–
	ऽ	त	ऽ	सु	हा	ऽ	नी	ऽ	सु	हा	नी	सु	हा	ऽ	गी	ऽ
	ग	म	ध	नि	धनि	सां	–	–	–	मग	म	ग	रे	–	सा	ग
	रे	स	ज	न	वाऽ	ऽ	ऽ	ऽ	ऽ	मधु	र	सु	खा	ऽ	री	ऽ
	म	ध	–	ध	नि	–	ध	म	म	ग	म	ग	रे	–	सा	ग
	ऽ	त	ऽ	सु	हा	ऽ	नी	ऽ	सु	ऽ	ऽ	ऽ	हा	ऽ	नी	रा

अंतरा–1

2				0				3				X			
ग	म	ध	निध	सां	सां	सां	सां	ध	नि	सां	मं	गं	रें	सां	–
सु	म	न	कीऽ	से	ज	स	जी	मो	ति	य	न	मा	ऽ	ला	ऽ
ध	ध	पध	निध	म	ग	म	ग	रे	–	सा	–	म	ध	नि	सां
शो	भि	वंऽ	ऽत	झू	ऽ	ऽ	ऽ	ला	ऽ	है	ऽ	चं	ऽ	द	न
म	ग	म	ग	रे	–	सा	ग	म	ध	–	ध	नि	–	ध	म
वा	ऽ	ऽ	ऽ	ला	ऽ	ऽ	रा	ऽ	त	ऽ	सु	हा	ऽ	नी	ऽ

स्थायी तान : रात सुहानी

1. सानि धनि साग मध । निसां निध मग रेसा
रात सुहानी

2. गम धनि सांरें सांनि । धम गम गरे सा–

अंतरा तान : सुमन की सेज सजी

1. मध निसां धनि सां– । धनि धम गरे सा–
सुमन की

2. सानि धनि साग मग । मध मध निध निसां । निध मग मग रेसा

खयाल : राग अल्हैया बिलावल, तीन ताल 16 मात्रा

साफ कहो तुम ।

स्थायी : साफ कहो तुम दिल में क्या है, हँस कर बात बताओ हमको ।।

अंतरा : 1. सच्चे बोल सुखावे रब को, मिल जुल कर सुख आवे सबको ।।

2. प्यारे शब्द सुहावे मन को, तन से दूर भगावे गम को ।।

स्थायी

0				3				X				2			
धनि	सांरें	सांनि	ध	निध	प	म	ग	ग	प	नि	–	सां	–	सां	–
साऽ	ऽऽ	ऽफ	क	होऽ	ऽ	तु	म	दि	ल	में	ऽ	क्या	ऽ	है	ऽ
ग	ग	मग	रे	ग	प	नि	नि	सां	–	रें	सां	ध	नि	ध	प
हँ	स	क	र	बा	ऽ	त	ब	ता	ऽ	ओ	ऽ	ह	म	को	ऽ
धनि	सांरें	सांनि	ध	निध	प	म	ग	ग	प	नि	–	सां	–	सां	–
साऽ	ऽऽ	ऽफ	क	होऽ	ऽ	तु	म	दि	ल	में	ऽ	क्या	ऽ	है	ऽ

अंतरा–1

0				3				X				2			
ग	–	प	–	प	–	नि	ध	सां	–	सां	–	सां	रें	सां	–
स	ऽ	च्चे	ऽ	बो	ऽ	ल	सु	खा	ऽ	वे	ऽ	र	ब	को	ऽ
सां	सां	गं	मं	रें	रें	सां	सां	धनि	सांरें	सांनि	सां	ध	नि	ध	प
मि	ल	जु	ल	क	र	सु	ख	आऽ	ऽऽ	वेऽ	ऽ	स	ब	को	ऽ
धनि	सांरें	सांनि	ध	निध	प	म	ग	ग	प	नि	–	सां	–	सां	–
साऽ	ऽऽ	ऽफ	क	होऽ	ऽ	तु	म	दि	ल	में	ऽ	क्या	ऽ	है	ऽ

स्थायी तान : साफ कहो तुम

1. सारे गरे गप धनि । सांनि धप मग रेसा

साफ कहो तुम

2. गप धनि सांनि धनि । धप मग मरे सा–

अंतरा तान : सच्चे बोल सुखावे रब को ऽ

1. गरें सांनि धप धनि । धप मग मरे सा– ।

गप धनि सां– गप । धनि सां– गप धनि

सच्चे बोल सुखावे रब को ऽ

2. गप धनि सांरें सांनि । धनि धप मग मरे । धनि सां,ध निसां, निसां ।

धनि धप मग मरे । सांनि धप मग मरे । गप धनि सां– सां– ।

गप धनि सां– सां– । गप धनि सां– सां–

संगीतश्रीकृष्णरामायण गीतमाला, पुष्प 530 of 763

भजन : राग केदार, कहरवा ताल 8 मात्रा

कानन ले चलो मोहे ।

स्थायी : कानन ले चलो साथ नाथ मोहे, मन में उदासी रे ।
साथ चलूँगी वन दंडक में, बन कर दासी रे ।।

अंतरा : 1. जंगल मंगल स्थान करेंगे, निर्जन भूमि स्वर्ग कहेंगे ।
प्रभु! मैं तुमरी जनम जनम की, हूँ सहवासी रे ।।

2. जहाँ पति है वहाँ सती हो, जहाँ राम है वहाँ सिया हो ।
तुम दीपक छाया मैं तुमरी, जुग चौरासी रे ।।

स्थायी

X				0				X				0			
–	सारे	सा	म	म	–	म	ग	प	–	प	प	–	ध	म॑	प
ऽ	काऽ	न	न	ले	ऽ	च	लो	सा	ऽ	थ	ना	ऽ	थ	मो	हे
–	धसां	ध	प	प	–	म॑प	धप	म	–	–	सा	रे	–	सा	–
ऽ	मन	में	उ	दा	ऽ	सीऽ	ऽऽ	रे	ऽ	ऽ	ऽ	ऽ	ऽ	ऽ	ऽ
–	सारे	सा	म	म	–	म	ग	प	प	प	–	प	ध	म॑	प
ऽ	साऽ	थ	च	लूँ	ऽ	गी	ऽ	व	न	दं	ऽ	ड	क	में	ऽ
–	धसां	ध	प	प	–	म॑प	धप	म	–	–	सा	रे	–	सा	–
ऽ	बन	क	र	दा	ऽ	सीऽ	ऽऽ	रे	ऽ	ऽ	ऽ	ऽ	ऽ	ऽ	ऽ
–	सारे	सा	म	म	–	म	ग	प	–	प	प	–	ध	म॑	प
ऽ	काऽ	न	न	ले	ऽ	च	लो	सा	ऽ	थ	ना	ऽ	थ	मो	हे

अंतरा–1

X				0				X				0			
–	प	–प	प	सां	–	सां	सां	ध	नि	सां	रें	सां	नि	ध	प
ऽ	जं	ऽग	ल	मं	ऽ	ग	ल	स्था	ऽ	न	क	रें	ऽ	गे	ऽ
–	प–	प	प	सां	–	सां	–	ध	नि	सां	रें	सां	नि	ध	प
ऽ	निर्	ज	न	भू	ऽ	मि	ऽ	स्व	र्	ग	क	हें	ऽ	गे	ऽ
–	गंगं	गं	मं	रें	रें	सां	–	–	निनि	नि	सां	ध	ध	प	–
ऽ	प्रभु!	मैं	ऽ	तु	म	री	ऽ	ऽ	जन	ग	ज	न	म	की	ऽ
–	प	प	प	प	–	म॑प	धप	म	–	–	सा	रे	–	सा	–
ऽ	हूँ	स	ह	वा	ऽ	सीऽ	ऽऽ	रे	ऽ	ऽ	ऽ	ऽ	ऽ	ऽ	ऽ
–	सारे	सा	म	म	–	म	ग	प	–	प	प	–	ध	म॑	प
ऽ	काऽ	न	न	ले	ऽ	च	लो	सा	ऽ	थ	ना	ऽ	थ	मो	हे

संगीतश्रीकृष्णरामायण गीतमाला, पुष्प 531 of 763

खयाल : राग तिलंग, तीन ताल 16 मात्रा

सैंया मोहे संग ले चलो दैया ।

स्थायी : सैंया मोहे संग ले चलो दैया, अकेली छोड़ नहीं जैंया ।।

अंतरा : 1. विष का प्याला पीके मरूँगी, पड़ूँगी तोहरे पैंया ।।

2. तन मन सब बलिहारी जाऊँ, सुनो रे राम रमैया ।।

स्थायी

X				2				0				3			
सां	–	प	सां	नि	प	ग	म	ग	–	–	सा	ग	म	पनि	मप
सैं	ऽ	या	मो	हे	ऽ	सं	ग	ले	ऽ	ऽ	च	लो	दै	याऽ	ऽऽ
सा	सा	ग	म	प	प	नि	सां	पनि	सांगं	सांगं	सांनि	पनि	पम	गम	ग–
अ	के	ली	छो	ऽ	ड़	न	हीं	जैंऽ	ऽऽ	ऽऽ	ऽऽ	याऽ	ऽऽ	ऽऽ	ऽऽ
सां	–	प	सां	नि	प	ग	म	ग	–	–	सा	ग	म	पनि	मप
सैं	ऽ	या	मो	हे	ऽ	सं	ग	ले	ऽ	ऽ	च	लो	दै	याऽ	ऽऽ

अंतरा–1

X				2				0				3			
ग	म	प	नि	सां	–	सां	–	प	नि	सां	गं	सांरें	निसां	नि	प
वि	ष	का	ऽ	प्या	ऽ	ला	ऽ	पी	ऽ	के	म	रूँ	ऽ	गी	ऽ
सा	सा	ग	म	प	प	नि	सां	पनि	सांगं	सांगं	सांनि	पनि	पम	गम	ग–
प	डूँ	ऽ	गी	तो	ह	रे	ऽ	पैंऽ	ऽऽ	ऽऽ	ऽऽ	याऽ	ऽऽ	ऽऽ	ऽऽ
सां	–	प	सां	नि	प	ग	म	ग	–	–	सा	ग	म	पनि	मप
सैं	ऽ	या	मो	हे	ऽ	सं	ग	ले	ऽ	ऽ	च	लो	दै	याऽ	ऽऽ

स्थायी तान : सैया मोहे संग

1. गम पनि पनि पम । गम पम गम गसा
   सैंया मोहे संग
2. सांनि पम गम पनि । सांनि पम गम गसा

अंतरा तान : विष का प्याला ऽ

1. साग मम गम पप । मप निनि पनि सांसां
   विष का प्याला पीके मरूँगी ऽ
2. पम गम ग– सा– । सांनि पम गम गसा । गम पम पनि सांगं । सांनि पम गम गसा

खयाल : राग आसावरी, तीन ताल

अँखियन में ।

स्थायी : अँखियन में जो अँसुअन आये, सावन के बादल बरसाये ।

अंतरा : 1. तिल काजल का जल में पिघला, गाल पे काली घटा उमड़ाये ।

2. गाल पे काली घटा सिया के, देख पिया का दिल कलपाये ।

स्थायी

0				3				X				2			
सां	सां	निसां	रेंसां	(नि)ध	–	पध	मप	ग	रे	म	म	प	–	प	–
अँ	खि	यऽ	नऽ	में	ऽ	जोऽ	ऽऽ	अँ	सु	अ	न	आ	ऽ	ये	ऽ
प	ध	सां	रें	सांरें	गं	रें	सां	सां	नि	रें	सां	ध	–	प	–
सा	ऽ	व	न	केऽ	ऽ	बा	ऽ	द	ल	ब	र	सा	ऽ	ये	ऽ
सां	सां	निसां	रेंसां	(नि)ध	–	पध	मप	ग	रे	म	म	प	–	प	–
अँ	खि	यऽ	नऽ	में	ऽ	जोऽ	ऽऽ	अँ	सु	अ	न	आ	ऽ	ये	ऽ

अंतरा–1

0				3				X				2			
म	म	प	–	ध	ध	प	ध	सां	सां	सां	–	रें	नि	सां	–
ति	ल	का	ऽ	ज	ल	का	ऽ	ज	ल	में	ऽ	पि	घ	ला	ऽ
प	–	प	ध	सां	–	सां	रें	सांरें	गं	रें	सां	(नि)ध	–	प	–
गा	ऽ	ल	पे	का	ऽ	ली	ऽ	घऽ	टा	उ	म	ड़ा	ऽ	ये	ऽ
प	–	प	ध	सां	–	सां	–	सां	गं	रें	सां	सांरें	सांनि	ध	प
गा	ऽ	ल	पे	का	ऽ	ली	ऽ	घ	टा	उ	म	ड़ाऽ	ऽऽ	ये	ऽ
सां	सां	निसां	रेंसां	(नि)ध	–	पध	मप	ग	रे	म	म	प	–	प	–
अँ	खि	यऽ	नऽ	में	ऽ	जोऽ	ऽऽ	अँ	सु	अ	न	आ	ऽ	ये	ऽ

स्थायी तान : अँखियन में जो ऽ

1. सारे मप निनि धप । मप धप गग रेसा

अँखियन में जो ऽ

2. रेम पनि धप मप । निनि धप मग रेसा

अंतरा तान : तिल का ऽ

1. मप धप मप धसां । गग रेंरें सांसां निध । मप धप गग रेसा

तिल काजल का जल में पिघला ऽ

2. सारे मप धध सां– । धसां रेंसां धप मप । गं गं रेंसां रेंसां धप । सांनि धप मग रेसा

संगीतश्रीकृष्णरामायण गीतमाला, पुष्प 533 of 763

बड़ा खयाल : राग भैरव – तीन ताल

सिया अवध में आयी ।

स्थायी : सिया अवध में आयी सखी, सिया अवध में आयी, एरी ।
आशाएँ मन में लायी, चित में आस जगायी, सखी ।।

अंतरा : 1. मगर उजड़ता घर सिय पायी, दुखी भयी सीता माई, सखी ।।
2. अब तो उसका एक सहाई, राम सखा सुखदाई, सखी ।।

स्थायी

0				3				X				2			
ग	म	ध	ध	प	प	प	ध	धप	मप	म	–	ग	–	म	ग
सि	या	ऽ	अ	व	ध	में	ऽ	आऽ	ऽ	यी	ऽ	ऽ	ऽ	स	खी
ग	म	ध	ध	प	प	प	ध	धप	मप	म	–	ग	–	गमप	म
सि	या	ऽ	अ	व	ध	में	ऽ	आऽ	ऽ	यी	ऽ	ऽ	ऽ	एऽऽ	री
ग	रे	गम	प	मग	रे	–	सा	ध॒	ध॒	नि॒	सा	रे	–	सा	–
आ	ऽ	ऽऽ	ऽ	शाऽ	ऽ	ऽ	एँ	म	न	में	ऽ	ला	ऽ	यी	ऽ
नि॒	सा	ग	म	प	–	ग	म	पध॒	निसां	नि	ध॒प	म	प	म	ग
चि	त	में	ऽ	आ	ऽ	स	ज	गाऽ	ऽऽ	ऽ	ऽऽ	ऽ	यी	स	खी
ग	म	ध	ध	प	प	प	ध	धप	मप	म	–	ग	–	म	ग
सि	या	ऽ	अ	व	ध	में	ऽ	आऽ	ऽ	यी	ऽ	ऽ	ऽ	स	खी

अंतरा–1

0				3				X				2			
म	म	म	म	ध	ध	नि	–	सां	सां	सां	सां	नि	रें	सां	–
म	ग	र	उ	ज	ड़	ता	ऽ	घ	र	सि	य	पा	ऽ	यी	ऽ
सां	रें	गं	मं	गं	रें	सां	–	ध॒नि	सां	नि	ध॒प	म	प	म	ग
दु	खी	भ	यी	सी	ऽ	ता	ऽ	माऽ	ऽ	ऽ	ऽऽ	ऽ	ई	स	खी
ग	म	ध	ध	प	प	प	ध	ध॒प	मप	म	–	ग	–	म	ग
सि	या	ऽ	अ	व	ध	में	ऽ	आऽ	ऽऽ	यी	ऽ	ऽ	ऽ	स	खी

स्थायी तान : सिया अवध में ऽ

1. नि॒सा गम पध॒ निसां । सांनि ध॒प मग रेसा
सिया अवध में ऽ

2. मग रेसा नि॒सा गम । पम गम गरे॒ सासा

अंतरा तान : मगर उजड़ता ऽ

1. नि॒सा गम ध॒नि सांरें । सांनि ध॒प मप गम । पम गम गरे॒ सा–
मगर उ

2. गम ध॒नि सांरें गंरें । सांनि ध॒प मग रेसा

भजन : राग केदार कहरवा ताल

(सीता वन को चली)

स्थायी : दुल्हनिया वन चली, राम की सीता । राज कुमारी, कोमल कलिका ।
रानी अवध की, जानकी माता ।।

अंतरा : 1. मधुर मिलन में, दे गयी अँसुअन । रैन सुहाग की, हो गयी बैरन ।
जीयो जुग जुग, जानकी माता ।।

2. जल अँखियन भर, रोवत लछिमन । हाथ जोर सिय मात को वंदन ।
जै जय तुमरी जानकी माता ।।

3. रघुपति दशरथ, जल कर तन मन । कोसत कैकई, रोकत क्रंदन ।
धन्य है तुमरी, जानकी माता ।।

4. अवध पुरी के, बेबस दुखी जन । गात हैं ब्रह्मा, विष्णुजी शंकर ।
जीती रहो तुम, जानकी माता ।।

स्थायी

0				3				X				2			
सा	रे	सा	प	प	प	मं	प	ध	सां	ध	प	मंप	धप	म	–
दु	ल्ह	नि	या	व	न	च	ली	रा	ऽ	म	की	सीऽ	ऽऽ	ता	ऽ
म	प	म	सा	रे	–	सा	–	सां	ध	सां	रें	सां	नि	ध	प
रा	ऽ	ज	कु	मा	ऽ	री	ऽ	को	ऽ	म	ल	क	लि	का	ऽ
प	–	सां	सां	नि	ध	सां	रें	सां	–	ध	प	मंप	धप	म	–
रा	ऽ	नी	अ	व	ध	की	ऽ	जा	ऽ	न	की	माऽ	ऽऽ	ता	ऽ
सा	रे	सा	प	प	प	मं	प	ध	सां	ध	प	मंप	धप	म	–
दु	ल्ह	नि	या	व	न	च	ली	रा	ऽ	म	की	सीऽ	ऽऽ	ता	ऽ

अंतरा

0				3				X				2			
प	प	प	प	सां	सां	सां	–	ध	नि	सां	रें	सां	नि	ध	प
म	धु	र	मि	ल	न	में	ऽ	दे	ऽ	ग	यी	अँ	सु	अ	न
गं	मं	रें	सां	सां	रें	सां	सां	धनि	सांरें	सां	सां	ध	–	प	प
रै	ऽ	न	सु	हा	ऽ	ग	की	होऽ	ऽऽ	ग	यी	बै	ऽ	र	न
प	–	सां	–	नि	ध	सां	रें	सां	–	ध	प	मंप	धप	म	–
जी	ऽ	यो	ऽ	जु	ग	जु	ग	जा	ऽ	न	की	माऽ	ऽऽ	ता	ऽ
सा	रे	सा	प	प	प	मं	प	ध	सां	ध	प	मंप	धप	म	–
दु	ल्ह	नि	या	व	न	च	ली	रा	ऽ	म	की	सीऽ	ऽऽ	ता	ऽ

चैती : दीपचंदी ताल

रामायण चौपाई –1

स्थायी : चले लंका अवध बिहारी, हो रामा, धनुस जटा धारी ।

अंतरा : 1. नीर नयनन सकल नर नारी, आरती करत मनहारी ।

2. सीता चली संग रघुवर प्यारी, अंग पे पीत वसन डारी ।

3. पीछे लखन परम सुविचारी, राघव सिया का हितकारी ।

स्थायी

X			2				0			3			
सा	रे	–	म	–	म	–	म	प	–	ध	सां	सां	–
च	ले	ऽ	लं	ऽ	का	ऽ	अ	व	ऽ	ध	ऽ	बि	ऽ
सां	–	–	<u>नि</u>	–	ध	प	ग	–	मग	म	ध	प	प
हा	ऽ	ऽ	री	ऽ	हो	ऽ	रा	ऽ	ऽऽ	मा	ऽ	ऽ	ध
ध	प	–	म	–	म	ग	रे	ग	–	(रे)सा	–	–	–
नु	स	ऽ	ज	ऽ	टा	ऽ	धा	ऽ	ऽ	री	ऽ	ऽ	ऽ
सा	रे	–	म	–	म	–	प	ध	प	म	–	रे	–
च	ले	ऽ	लं	ऽ	का	ऽ	अ	व	ऽ	ध	ऽ	बि	ऽ
म	–	–	–	–	–	–	म	–	–	–	–	रे	सा
हा	ऽ	ऽ	ऽ	ऽ	ऽ	ऽ	री	ऽ	ऽ	ऽ	ऽ	ऽ	ऽ

अंतरा–1

X			2				0			3			
सां	नि	–	ध	–	नि	–	सां	रें	–	सां	सां	सां	–
नी	ऽ	ऽ	र	ऽ	न	ऽ	य	ऽ	ऽ	न	न	स	ऽ
नि	नि	–	ध	प	प	म	म	प	–	ध	–	रेसां	–
क	ल	ऽ	न	ऽ	र	ऽ	ना	ऽ	ऽ	री	ऽ	सऽ	ऽ
सां	ध	–	प	–	प	–	ध	प	–	म	–	म	सा
क	ल	ऽ	न	ऽ	र	ऽ	ना	ऽ	ऽ	री	ऽ	आ	ऽ
सा	रे	–	म	–	म	–	म	प	–	ध	सां	सां	–
र	ती	ऽ	क	ऽ	र	ऽ	त	ऽ	ऽ	म	ऽ	न	ऽ
सां	–	–	<u>नि</u>	–	ध	प	ग	–	मग	म	ध	प	प
हा	ऽ	ऽ	री	ऽ	हो	ऽ	रा	ऽ	ऽऽ	मा	ऽ	ऽ	ध
ध	प	–	म	–	म	ग	रे	ग	–	(रे)सा	–	–	–
नु	स	ऽ	ज	ऽ	टा	ऽ	धा	ऽ	ऽ	री	ऽ	ऽ	ऽ

सा	रे	–	म	–	म	–	प	ध	प	म	–	रे	–
च	ले	ऽ	लं	ऽ	का	ऽ	अ	व	ऽ	ध	ऽ	बि	ऽ
म	–	–	–	–	–	–	म	–	–	–	–	रे	सा
हा	ऽ	ऽ	ऽ	ऽ	ऽ	ऽ	री	ऽ	ऽ	ऽ	ऽ	ऽ	ऽ

संगीतश्रीकृष्णरामायण गीतमाला, पुष्प 545 of 763

भजन : दादरा ताल, 6 मात्रा

गंगा मैया – कहरवा ताल

श्लोक:

जाह्नवी गोमती गंगा गायत्री गिरिजा च य: ।
भागिरथी नु यो ब्रूयात्-पापात्स मुच्यते नर: ।। 1936/2422

♫ सा-सासा- सा-सासा- ग-रे-, रे-रे-रे- मपम- ग- रे- ।
रे-म-पध- नि ध- प-म-, ध-प-म- प-मग- रेसा- ।।

स्थायी : गंगा मैया तू मंगल है माता, तेरा आँचल है कितना सुहाना ।
तेरी लहरों में है गुनगुनाता, मैया! संगीत सरगम तराना ।।

अंतरा : 1. निकली शंकर की काली जटा से, तुझको भगिरथ है लाया धरा पे ।
तुझको जन्हू की कन्या है माना, तेरा इतिहास है पावन पुराना ।।

2. तेरे जल में हिमालय की माया, तुझमें जमुना का पानी समाया ।
शरयु को भी गले से लगाया, तूने उनको भी दीनी गरिमा ।।

3. तेरा तीरथ है लीला जगाता, सारे पापों से मुक्ति दिलाता ।
है सनातन तेरा मेरा नाता, बड़ी पावन नदी तू मेरी माँ ।।

4. राम सीता फैं अँचल में तेरे, आज लछिमन भी गोदी में तेरे ।
सारी नदियों में तू भागवाना, इसी कारण तू सबकी बड़ी माँ ।।

स्थायी

		0				X				0				X			
ग	ग	म	प	–	–	–	–	मप	ग	–	नि	–	नि	ध	नि	–ध	प
गं	गा	मै	या	ऽ	ऽ	ऽ	ऽ	ऽऽ	ऽ	ऽ	तू	ऽ	मं	ग	ल	–है	ऽ
		प	–	प	–	–	–	–	–	–	ग	–रे	सा	सा	–	सा	नि
		मा	ऽ	ता	ऽ	ऽ	ऽ	ऽ	ऽ	ऽ	ते	ऽरा	ऽ	आँ	ऽ	चल	है
		–	निध	सां	नि	ध	प	प	–	–	गग	रे	सा	सा	–	सा	नि
		ऽ	किऽ	त	ना	सु	हा	ऽ	ना	ऽ	तेरी	ल	ह	रों	ऽ	में	ऽ
		–	निध	सां	नि	ध	प	म	ग	म	प	–	–	–	–	–	–
		ऽ	हैऽ	गुन	गु	ना	ता	ऽ	ऽ	मै	या	ऽ	ऽ	ऽ	ऽ	ऽ	ऽ
		–	नि	–नि	नि	रें	सां	ऽध	प	प	–	प	–	–	–	ग	ग
		ऽ	सं	–गी	त	स	र	–गम	त	रा	ऽ	ना	ऽ	ऽ	ऽ	गं	गा

अंतरा–1

0				X				0				X			
–	सां–	सां	नि	सां	–	नि	प	–	सां	–सां	नि	सां	–	नि	प
ऽ	निकऽ	ली	ऽ	शं	ऽ	कर	की	ऽ	का	ऽली	ज	टा	ऽ	से	ऽ
–	सां	–सां	नि	सां	सां	नि	प	–	सां–	सां	नि	सां	–	नि	प
ऽ	तुझ	ऽको	ऽ	भ	गि	रथ	है	ऽ	लाऽ	या	ध	रा	ऽ	पे	ऽ
–	ध–	ध	प	ध	ध	ध	ध	–	सांनि	धनि	ध	प	–	प	–
ऽ	तुझऽ	को	ऽ	ज	न	हु	की	ऽ	कन्ऽ	याऽ	है	मा	ऽ	ना	ऽ
–	ध–	ध	प	ध	ध	ध	ध	–	सांनि	धनि	ध	प	प	ग	ग
ऽ	तेरा–	इ	ति	हा	ऽ	स	है	ऽ	पाऽ	वनऽ	पु	रा	ना	गं	गा

संगीतश्रीकृष्णरामायण गीतमाला, पुष्प 564 of 763

दर्शन दे दो अंबे – कहरवा ताल

स्थायी : दरशन दे दो, हमको अंबे, देवी चरण में ले लो ।
मोहे, अपनी शरण में ले लो ।।

अंतरा : 1. दुर्गे दुर्घट नाम तिहारो, सब के पाप निबारो ।
भव सागर से ऊब गये हम, हमको आके उबारो ।।
2. आओ सपनन रूप निहारूँ, देवी मोहे निहारो ।
तेरे द्वारे आन खड़ा हूँ, मोरे कष्ट उतारो ।।

स्थायी

X				0				X				0			
सां	सां	रें	सां	सां	–	नि	ध	सां	–	रें	सां	सां	–	सां	–
द	र	श	न	दे	ऽ	दो	ऽ	हम	ऽ	को	ऽ	अं	ऽ	बे	ऽ
नि	रें	सां	नि	ध	प	ग	म	प	नि	–	–	–	–	ध	प
दे	ऽ	वी	ऽ	च	र	ण	में	ले	लो	ऽ	ऽ	ऽ	ऽ	मो	हे
म	म	म	म	म	म	प	ग	नि	प	^{म}ग	–	–	–	सा	सा
अ	प	नी	च	र	ण	में	ऽ	ले	ऽ	लो	ऽ	ऽ	ऽ	दे	वी
ध	ध	ध	प	ध	प	नि	ध	प	म	म	–	–	–	–	–
द	र्	श	न	दे	ऽ	ऽ	ऽ	ऽ	ऽ	दो	ऽ	ऽ	ऽ	ऽ	ऽ

अंतरा–1

X				0				X				0			
ध	–	ध	–	ध	–	ध	ध	ध	नि	नि	नि	नि	–	नि	–
दु	ऽ	र्गे	ऽ	दु	ऽ	र्घ	ट	ना	ऽ	म	ति	हा	ऽ	रो	ऽ
प	नि	प	म	ग	–	प	म	म	–	–	–	म	–	–	–
स	ब	के	ऽ	पा	ऽ	प	नि	बा	ऽ	ऽ	ऽ	रो	ऽ	ऽ	ऽ
सां	सां	रें	सां	सां	सां	नि	ध	सां	–	रें	सां	सां	–	सां	सां
भ	व	सा	ऽ	ग	र	से	ऽ	ऊ	ऽ	ब	ग	ये	ऽ	ह	म
नि	रें	सां	नि	ध	प	ग	म	प	नि	–	–	–	–	ध	प
ह	म	को	ऽ	आ	ऽ	के	उ	बा	रो	ऽ	ऽ	ऽ	ऽ	दे	वी
म	म	म	म	म	–	प	म	नि	प	(म)ग	–	–	–	सा	सा
द	र्	श	न	दे	ऽ	दो	ऽ	ऽ	ऽ	ऽ	ऽ	ऽ	ऽ	दे	वी
ध	ध	ध	प	ध	प	नि	ध	प	म	म	–	–	–	–	–
द	र्	श	न	दे	ऽ	ऽ	ऽ	ऽ	ऽ	दो	ऽ	ऽ	ऽ	ऽ	ऽ

संगीतश्रीकृष्णरामायण गीतमाला, पुष्प 565 of 763

भजन : कहरवाताल 8 मात्रा

दत्तात्रय

स्थायी : दत्त गुरु मेरा, जय जय हो । दत्ता दिगंबर, शिव शिव ओम्, बोलो ।
सद्गुरु मेरा, जय जय हो ।।

अंतरा : 1. मुख माँगे दान देता, सब से न्यारा न्यारा ।
जग में जिसका बोल बाला, हर हर ओम् ।
आहा! तीन मुखी सत् नाम कहो ।।

2. दुख करे दूर सारे, सब से प्यारा प्यारा ।
सबसे ऊँचे नाम वाला, हर हर ओम् ।
आहा! दीन दुखी भगवान् कहो ।।

3. सुख देता ढेर सारे, दत्तात्रय मेरा ।
हम पर उसने जादू डारा, हर हर ओम् ।
आहा! एक सखा सियराम कहो ।।

स्थायी

X				0				X				0			
म	प	प	म	प	ध	ध	प	प	ध	प	म	म	–	–	–
द	त्त	गु	रु	मे	ऽ	रा	ऽ	ज	य	ज	य	हो	ऽ	ऽ	ऽ
नि	नि	–	नि	नि	–	नि	नि	सां	रें	सां	नि	ध	–	प	म
द	त्ता	ऽ	दि	गं	ऽ	ब	र	शि	व	शि	व	ओ	ऽ	ऽ	म्

नि	नि	–	नि	नि	–	नि	नि	सां	रें	सां	नि	ध	–	ध	ध
द	त्ता	ऽ	दि	गं	ऽ	ब	र	शि	व	शि	व	ओम्	ऽ	बो	लो
म	प	प	म	प	ध	ध	प	प	ध	प	म	म	–	–	–
स	द्	गु	रु	मे	ऽ	रा	ऽ	ज	य	ज	य	हो	ऽ	ऽ	ऽ

अंतरा–1

X				0				X				0			
ग	ग	ग	ग	म–	म	प	प	नि	ध	प	म	म	–	म	–
मु	ख	माँ	गे	दाऽ	न	दे	ता	सब	से	न्या	रा	न्या	ऽ	रा	ऽ
नि	नि	नि	नि	नि	–नि	नि	नि	सां	रें	सां	नि	ध	–	प	म
जग	में	जिस	का	बो	ऽल	बा	ला	ह	र	ह	र	ओम्	ऽ	आ	हा
म	प	प	म	प	ध	ध	प	प	ध	प	म	म	–	–	–
ती	ऽ	न	मु	खी	ऽ	स	त्	ना	ऽ	म	क	हो	ऽ	ऽ	ऽ
म	प	प	म	प	ध	ध	प	प	ध	प	म	म	–	–	–
स	द	गु	रु	मे	ऽ	रा	ऽ	ज	य	ज	य	हो	ऽ	ऽ	ऽ

संगीतश्रीकृष्णरामायण गीतमाला, पुष्प 567 of 763

भजन : राग बिलावल, कहरवा ताल 8 मात्रा

रामायण चौपाई – 2

दोहा : राम सिया बन को चले, लखन लला है साथ ।
मात पिता गृह को तजे, धन्य धन्य रघुनाथ ।।

स्थायी : चंदन तिलक सुमंगल माथे, दशरथ नंदन राम सुहाते ।
श्री राम जय राम जय जय रामा, जय राम सिया राम जय जय रामा ।।

अंतरा : 1. शीश जटा कटि वल्कल धारे, कानन कुंडल नयन लुभाते ।।
2. मुख मंडल पर हास्य विराजे, विघ्न कष्ट कछु नाहि दुखाते ।।
3. वीर धनुर्धर धीरज धारी, संकट मोचन राम कहाते ।।
4. राम रमैया भव की नैया, राम नाम नर को हरसाते ।।
5. राम सहारे राम किनारे, राम नाम सब दुख बिसराते ।।
6. भीषण पाप मनुष के जेते, राम नाम से सब छुट जाते ।।
7. राम सिया संग लछिमन सोहे, लखन लला सब जन को भाते ।।
8. राज काज सुख तज कर सारे, मात तात के बचन निभाते ।।
9. सिया संग प्रभु बन में बिराजे, भगतन राम चरित शुभ गाते ।।

10. वाह वाह रे दशरथ राजा, धन्य धन्य कौसल्या माते! ।।

दोहा : दीन दयाला आप हैं, करुण कृपालु राम! ।।
कौसल्या सुत, हे सखे! पाहि पाहि रे माम् ।।

दोहा

नि	–	नि	नि	नि	–	नि	नि	सां	–	–	नि	सां	–	–	–
रा	ऽ	म	सि	या	ऽ	ब	न	को	ऽ	ऽ	च	ले	ऽ	ऽ	ऽ
नि	नि	नि	नि	नि	–	रें	सां	सां	–	–	सां	नि	–	नि	नि
ल	ख	न	ल	ला	ऽ	है	ऽ	सा	ऽ	ऽ	थ	मा	ऽ	त	पि
नि	प	प	प	प	ग	–	प	रे	–	–	–	ग	–	ग	प
ता	ऽ	गृ	ह	को	ऽ	ऽ	त	जे	ऽ	ऽ	ऽ	ध	ऽ	न्य	ध
रे	रे	रे	सा	सा	–	–	सा								
ऽ	न्य	र	घु	ना	ऽ	ऽ	थ								

Doha need not be sung in rhythm

स्थायी – चौपाई

X				0				X				0			
–	ग	–ग	प	रे	रे	सा	सा	–	नि़प़	रे	रे	गरे	–	सा	रे
ऽ	चं	ऽद	न	ति	ल	क	सु	ऽ	मंऽ	ग	ल	माऽ	ऽ	थे	ऽ
ग	ग	–ग	प	रे	रे	सा	सा	–	नि़प़	रे	रे	गरे	–	सा	–
ऽ	चं	ऽद	न	ति	ल	क	सु	ऽ	मंऽ	ग	ल	माऽ	ऽ	थे	ऽ
–	पग	प	प	निसां	रें	सां	नि	प	पग	ग	प	रे	–	सा	–
ऽ	दश	र	थ	नंऽ	ऽ	द	न	ऽ	राऽ	म	सु	हा	ऽ	ते	ऽ
–	गग	ग	प	रे	रे	सा	सा	–	नि़प़	रे	रे	गरे	–	सा	–
ऽ	श्रीऽ	रा	म	ज	य	रा	म	ऽ	जय	ज	य	राऽ	ऽ	मा	ऽ
–	गग	ग	प	रे	रे	सा	सा	–	नि़प़	रे	रे	गरे	–	सा	–
ऽ	जय	रा	म	सि	या	रा	म	ऽ	जय	ज	य	राऽ	ऽ	मा	ऽ

अंतरा–1

X				0				X				0			
–	पग	प	प	सां	–	सां	सां	–	निनि	नि	रें	(नि)ध	–	प	–
ऽ	शीऽ	श	ज	टा	ऽ	क	टि	ऽ	वल्	क	ल	धा	ऽ	रे	ऽ
–	गग	ग	प	रे	–	सा	सा	–	नि़प़	रे	रे	गरे	–	सा	–
ऽ	काऽ	न	न	कुं	ऽ	ड	ल	ऽ	नय	न	लु	भा	ऽ	ते	ऽ
–	गग	ग	प	रे	रे	सा	सा	–	नि़प़	रे	रे	गरे	–	सा	–
ऽ	श्रीऽ	रा	म	ज	य	रा	म	ऽ	जय	ज	य	राऽ	ऽ	मा	ऽ
–	गग	ग	प	रे	रे	सा	सा	–	नि़प़	रे	रे	गरे	–	सा	–
ऽ	जय	रा	म	सि	या	रा	म	ऽ	जय	ज	य	राऽ	ऽ	मा	ऽ

दोहा

नि	–	नि	नि	नि	–	नि	–	सां	–	–	नि	सां	–	–	–
दी	ऽ	न	द	या	ऽ	ला	ऽ	आ	ऽ	ऽ	प	हैं	ऽ	ऽ	ऽ
नि	नि	नि	नि	नि	–	रें	सां	सां	–	–	सां	नि	–	नि	–
क	रु	ण	कृ	पा	ऽ	लु	ऽ	रा	ऽ	ऽ	म	कौ	ऽ	स	ऽ
नि	प	प	प	–	ग	–	प	रे	–	–	–	ग	–	ग	प
ल्या	ऽ	सु	त	ऽ	हे	ऽ	स	खे	ऽ	ऽ	ऽ	पा	ऽ	हि	पा
रे	रे	रे	सा	सा	–	–	सा								
ऽ	हि	रे	ऽ	मा	ऽ	ऽ	म्								

Doha need not be sung in rhythm

संगीतश्रीकृष्णरामायण गीतमाला, पुष्प 583 of 763

गीत : राग बागेश्री, कहरवा ताल

पंचवटी के द्वारे ।

स्थायी : निश दिन संग में, नाथ हमारे! पीछे पीछे साथ तिहारे ।
पग पग चलूँ मैं, पंथ निहारे ।।

अंतरा : 1. राहों में काँटे हैं बिखरे, पशु बेशुमार डोरे डारे ।
धोखा पल छिन असुर जनन से, डगमग हैं अब भाग हमारे ।।

2. चल कर जोजन साँझ सकारे, अवध नगर को पीछे छोरे ।
आये पंचवटी के द्वारे, मनहर स्थान जो भान को हारे ।।

3. इस थल को आवास बनाएँ, वन तापोभूमि जाना जाए ।
रामायण की नींव सजाएँ, जन हित का इतिहास रचाएँ ।।

स्थायी

X				0				X				0			
सा	ग	म	ध	–	पध	सांनि	धप	ग	–	रे	रे	म	–	म	–
नि	श	दि	न	ऽ	संऽ	ऽऽ	गमें	ना	ऽ	थ	ह	मा	ऽ	रे	ऽ
–	मग	रे	सा	रे	–	रे	–	–	रेग	म	ध	प	–	म	–
ऽ	पीऽ	छे	ऽ	पी	ऽ	छे	ऽ	ऽ	साऽ	थ	ति	हा	ऽ	रे	ऽ
–	मध	ध	ध	ध	ध	नि	ध	सां	–	नि	ध	म	ग	रे	सा
ऽ	पग	प	ग	च	लूँ	मैं	ऽ	पं	ऽ	थ	नि	हा	ऽ	रे	ऽ
सा	ग	म	ध	–	पध	सांनि	धप	ग	–	रे	रे	म	–	म	–
नि	श	दि	न	ऽ	संऽ	ऽऽ	गमें	ना	ऽ	थ	ह	मा	ऽ	रे	ऽ

अंतरा–1

X				0				X				0			
–	म	ग	म	ध	–	नि	ध	सां	–	सां	–	रें	नि	सां	–
ऽ	रा	ऽ	हों	में	ऽ	काँ	ऽ	टे	ऽ	हैं	ऽ	बि	ख	रे	ऽ
–	निनि	सां	गं	रें	सां	सां	–	नि	–	सां	–	नि	–	ध	–
ऽ	पशु	बे	शु	मा	ऽ	र	ऽ	डो	ऽ	रे	ऽ	डा	ऽ	रे	ऽ
–	ध	–	ध	पध	नि	ध	ध	–	मग	म	ग	रे	रे	सा	–
ऽ	धो	ऽ	खा	पऽ	ल	छि	न	अ	सु	र	ज	न	न	से	ऽ
–	निसा	म	म	ध	–	नि	ध	सां	–	नि	ध	म	ग	रे	सा
ऽ	डग	म	ग	हैं	ऽ	अ	ब	भा	ऽ	ग	ह	मा	ऽ	रे	ऽ
सा	ग	म	ध	–	पध	सांनि	धप	ग	–	रे	रे	म	–	म	–
नि	श	दि	न	ऽ	संऽ	ऽऽ	गमें	ना	ऽ	थ	ह	मा	ऽ	रे	ऽ

संगीतश्रीकृष्णरामायण गीतमाला, पुष्प 585 of 763

खयाल : राग मालकंस, कहरवा ताल 8 मात्रा

रिम झिम बरसत सावन आयो ।

स्थायी : रिम झिम बरसत बादल गरजत, सावन आयो, रंग लायो रे ।।

अंतरा : 1. पंचवटी के हर प्रांगण में, फूल गुलाली, बिखरायो रे ।।

2. सिय की कुटी के दर आंगन में, गुत पर पानी, उछलायो रे ।।

स्थायी

0				3				X				2			
–	मग	म	म	नि	ध	–नि	नि	सां	–	ध	नि	ध	म	ग	सा
ऽ	रिम	झि	म	ब	र	ऽस	त	बा	ऽ	द	ल	ग	र	ज	त
–	सां	–सां	सां	नि	–	नि	ध	–	धनि	सां	नि	ध	म	ग	सा
ऽ	सा	ऽव	न	आ	ऽ	यो	ऽ	ऽ	रंग	ला	ऽ	यो	ऽ	रे	ऽ
–	मग	म	म	नि	ध	–नि	नि	सां	–	ध	नि	ध	म	ग	सा
ऽ	रिम	झि	म	ब	र	ऽस	त	बा	ऽ	द	ल	ग	र	ज	त

अंतरा–1

0				3				X				2			
–	मग	म	म	ध		नि	–	–	सांसां	सां	–	गं	नि	सां	–
ऽ	पंऽ	च	व	टी	ऽ	के	ऽ	ऽ	हर	प्रां	ऽ	ग	ण	में	ऽ
–	नि	–नि	नि	नि	–	सांनि	ध	–	धनि	सां	नि	ध	म	ग	सा
ऽ	फू	ऽल	गु	ला	ऽ	लीऽ	ऽ	ऽ	बिख	रा	ऽ	यो	ऽ	रे	ऽ
–	मग	म	म	नि	ध	–नि	नि	सां	–	ध	नि	ध	म	ग	सा
ऽ	रिम	झि	म	ब	र	ऽस	त	बा	ऽ	द	ल	ग	र	ज	त

संगीतश्रीकृष्णरामायण गीतमाला, पुष्प 586 of 763

राग : भिन्न षड्ज, तीन ताल 16 मात्रा

दमक दिखावे दामनिया

स्थायी : दमक दिखावे दामनिया ।
सरसर बादरिया जल बरसत, कड़ कड़ कड़कत बिजुरिया ।।

अंतरा : 1. मोरनिया नाचे, मोर पपिहा । ठुमकत थिरकत नाचत थैया ।।
2. ठंढी फुहार दे गुदगुदिया । मन मोरा प्रणय के गीत रचैया ।।

स्थायी

	3				x				2				0			
सां	नि	ध	ग	म	ग	–	सा	–	नि़	सा	ध़	नि़	साग	मध	निसां	सां
द	म	क	ऽ	दि	खा	ऽ	वे	ऽ	दा	ऽ	म	नि	याऽ	ऽऽ	ऽऽ	द
	नि	ध	ग	म	ग	–	सा	–	नि़	सा	ध़	नि़	साग	मध	निसां	नि
	म	क	ऽ	दि	खा	ऽ	वे	ऽ	दा	ऽ	म	नि	याऽ	ऽऽ	ऽऽ	स
	सां	गं	सां	सां	नि	ध	ध	ध	म	–	ग	म	ग	ग	सा	सा
	र	स	ऽ	र	बा	ऽ	द	रि	या	ऽ	ज	ल	ब	र	स	त
	नि़	सा	ध़	नि़	सा	ग	म	ध	ग	म	ध	नि	साग	मध	निसां	सां
	क	ड़	क	ड़	क	ड़	क	त	बि	ऽ	जु	रि	याऽ	ऽऽ	ऽऽ	द
	नि	ध	ग	म	ग	–	सा	–	नि़	सा	ध़	नि़	साग	मध	निसां	सां
	म	क	ऽ	दि	खा	ऽ	वे	ऽ	दा	ऽ	म	नि	याऽ	ऽऽ	ऽऽ	ऽ

अंतरा–1

	3				x				2				0			
ग	म	ध	–	नि	सां	–	नि	–	सां	–	नि	सां	मं	गं	सां	गं
मो	ऽ	र	ऽ	नि	या	ऽ	ना	ऽ	चे	ऽ	मो	र	प	पि	हा	ठु
	मं	गं	सां	सां	नि	ध	ध	ध	म	–	ग	म	गम	धनि	सां	सां
	म	क	ऽ	त	थि	र	क	त	ना	ऽ	च	त	थैऽ	ऽऽ	या	द
	नि	ध	ग	म	ग	–	सा	–	नि़	सा	ध़	नि़	साग	मध	निसां	सां
	म	क	ऽ	दि	खा	ऽ	वे	ऽ	दा	ऽ	म	नि	याऽ	ऽऽ	ऽऽ	द

स्थायी तान : दमक दि

1. मग सानि़ ध़नि़ सनि़ । ध़नि़ धम़ ध़नि़ साग । मग सानि़ सा–

दमक दि

2. सानि़ ध़नि़ साग मग । साग मध मग सानि़ । ध़नि़ सा– सा–

अंतरा तान : मोरनि

1. सासा गम गग सासा । गम धनि धध मम । गम गग सासा

मोरनि

2. गम धनि सांनि धनि । सांनि धम गम गग । सानि़ ध़नि़ सा–

खयाल : राग जौनपुरी, तीन ताल 16 मात्रा

मन रिझावे ।

स्थायी : मन रिझावे सुनहरा हिरन रंग । बगिया में मोरी क्रीडत कूदत ।
मृग लसित, करत मोरा मनवा दंग ।।

अंतरा : 1. ठुमकत फुदकत नाच नचावे, मृदु छाला मोरा चित्त लुभावे ।
चंचल नैनन मन भरमाये, ताहि चाह करत मोहे तंग ।।

2. मृग की माया सिय नहीं जानी, मारिची को वो मृग मानी ।
दृष्टि सिय की भयी दीवानी, तिन ललचावत कंज अंग ।।

स्थायी

		0				3				X				2			
प	म	प	सां	ध	प	ग	रे	सा	रे	रे	म	म	प	–	प	प	म
म	न	रि	झा	वे	सु	न	ह	रा	ऽ	हि	र	न	रं	ऽ	ग	म	न
		प	सां	ध	प	ग	रे	सा	रे	रे	म	म	प	–	प	प	ध
		रि	झा	वे	सु	न	ह	रा	ऽ	हि	र	न	रं	ऽ	ग	ब	गि
		सां	–	सां	निसां	रें	सां	ध	प	ग	ग	रे	म	ग	रे	सा	सा
		या	ऽ	में	मोऽ	ऽ	री	क्री	ऽ	ड	त	कू	ऽ	द	त	मृ	ग
		सा	रे	म	म	प	प	प	ध	नि	सां	रें	गं	सां	ध	प	म
		ल	सि	त	क	र	त	मो	रा	म	न	वा	दं	ऽ	ग	म	न

अंतरा-1

0				3				X				2			
म	म	प	प	ध	ध	नि	नि	सां	–	सां	सां	रें	नि	सां	–
ठु	म	क	त	फु	द	क	त	ना	ऽ	च	न	चा	ऽ	वे	ऽ
प	प	प	ध	सां	–	सां	रें	सांरें	गं	रें	सां	नि	सां	ध	प
मृ	दु	छा	ऽ	ला	ऽ	मो	रा	चिऽ	ऽ	त्त	लु	भा	ऽ	वे	ऽ
सां	–	सां	सां	ध	–	म	प	ग	ग	रे	म	ग	रे	सा	–
चं	ऽ	च	ल	नै	ऽ	न	न	म	न	भ	र	मा	ऽ	ये	ऽ
सा	रे	म	–	प	प	प	ध	नि	सां	रें	गं	सां	ध	प	म
ता	हि	चा	ऽ	ह	क	र	त	मो	ऽ	हे	तं	ऽ	ग	म	न

स्थायी तान : मन रिझावे सुनह

1. पध पम पध निसां । निध पम गरे सासा

मन रिझावे सुनह

2. निध पम पध निसां । निध पम गरे सासा

अंतरा तान : ठुमकत फुदकत

1. सारे मप धनि सांरें । सांनि धप मग रेसा

ठुमकत फुदकत

2. पध निसां रेंगं रेंसां । निध पम गरे सासा

संगीतश्रीकृष्णरामायण गीतमाला, पुष्प 601 of 763

भजन : राग तिलक कामोद

कित गयी सीता ।

स्थायी : कित गयी सीता प्राण पियारी,
ढूँढत ढूँढत अखियाँ हारी ।।

अंतरा : 1. बोलो लछिमन मोरे भाई, कहाँ है तोरी भौजाई ।
श्वापद कोई उसको खाई, छुपी तो नहीं वो बैठी ।
या है उसको असुर उठाई,
कित गयी .. ।।

2. कमल कुसुम सम कोमल काया, कहाँ गयी मोरी जाया ।
ठगी असुरों ने रच कर माया, कहाँ से संकट आया ।
खो गयी रे मोरी सीता प्यारी,
कित गयी .. ।।

3. सुंदरतर रमणी अभिरामा, अनूप शुभ रूप ललामा ।
कहाँ गयी है तू बिन रामा, तज अपनी कुटिया धामा ।
खोजी हमने भूमि सारी,
कित गयी .. ।।

स्थायी

X				0				X				0			
नि़	सा	रे	प	म	ग	सा	नि़	नि़	प़	नि़	सा	रे	ग	नि़	सा
कि	त	ग	यी	सी	ऽ	ता	ऽ	प्रा	ऽ	ण	पि	या	ऽ	री	ऽ
रे	म	प	ध	म	प	सां	सां	प	ध	म	–	गरे	ग	नि़	सा
ढूँ	ऽ	ढ	त	ढूँ	ऽ	ढ	त	अ	खि	याँ	ऽ	हाऽ	ऽ	री	ऽ
नि़	सा	रे	प	म	ग	सा	नि़	नि़	प़	नि़	सा	रे	ग	नि़	सा
कि	त	ग	यी	सी	ऽ	ता	ऽ	प्रा	ऽ	ण	पि	या	ऽ	री	ऽ

अंतरा–1

X				0				X				0			
म	–	म	–	प	प	नि	नि	सां	–	सां	–	रें	नि	सां	–
बो	ऽ	लो	ऽ	ल	छि	म	न	मो	ऽ	रे	ऽ	भा	ऽ	ई	ऽ
प	नि	–	सां	रें	–	रें	सां	सां	–	रें	गं	नि	–	सां	–
क	हाँ	ऽ	है	तो	ऽ	री	ऽ	भौ	ऽ	जा	ऽ	ई	ऽ	ऽ	ऽ
म	–	म	म	प	–	नि	–	सां	सां	सां	–	रें	नि	सां	–
श्वा	ऽ	प	द	को	ऽ	ई	ऽ	उ	स	को	ऽ	खा	ऽ	ई	ऽ
प	नि	–	सां	रें	रें	रें	सां	सां	–	रें	गं	नि	–	सां	–
छु	पी	ऽ	तो	ऽ	न	ही	ऽ	वो	ऽ	बै	ऽ	ठी	ऽ	ऽ	ऽ
प	नि	सां	रें	नि	सां	प	–	सां	सां	प	ध	मप	धप	मग	रेसा
या	ऽ	है	ऽ	उ	स	को	ऽ	अ	सु	र	उ	ठाऽ	ऽऽ	ई	ऽऽ
नि़	सा	रे	प	म	ग	सा	नि़	नि़	प़	नि़	सा	रे	ग	नि़	सा
कि	त	ग	यी	सी	ऽ	ता	ऽ	प्रा	ऽ	ण	पि	या	ऽ	री	ऽ

संगीतश्रीकृष्णरामायण गीतमाला, पुष्प 613 of 763

कीर्तन : कहरव ताल 8 मात्रा

देवाय लंबोदराय ।

स्थायी : देवाय, लंबोदराय, शिवनंदनाय, शिव ओम् ।
नाथाय, मुखमंगलाय, जगवंदनाय, शिव ओम् ।।

अंतरा : 1. रुद्राय, शिवशंकराय, दुखभंजनाय, हर ओम् ।
भद्राय, गंगाधराय, प्रभु त्र्यंबकाय, हर ओम् ।।

2. रामाय, रघुनंदनाय, मधुचंदनाय, हरि ओम् ।
रामाय, सीतावराय, पुरुषोत्तमाय, हरि ओम् ।।

3. श्यामाय, बंसीधराय, पीतांबराय, जय ओम् ।
कृष्णाय, राधावराय, दामोदराय, जय ओम् ।।

स्थायी

X				0				X				0			
म	म	–	म	–	–	रे	म	प	–	ध	प	म	म	रे	म
दे	वा	ऽ	य	ऽ	ऽ	लं	ऽ	बो	ऽ	द	रा	ऽ	य	शि	व
प	–	ध	प	म	म	रे	म	प	–	–	–	–	–	–	प
नं	ऽ	द	ना	ऽ	य	शि	व	ओ	ऽ	ऽ	ऽ	ऽ	ऽ	ऽ	म्
ध	ध	–	ध	–	–	सा	ध	प	–	ध	प	म	म	रे	म
ना	था	ऽ	य	ऽ	ऽ	मु	ख	मं	ऽ	ग	ला	ऽ	य	ज	ग
प	–	ध	प	म	म	रे	ध	प	–	–	–	–	–	–	म
वं	ऽ	द	ना	ऽ	य	शि	व	ओ	ऽ	ऽ	ऽ	ऽ	ऽ	ऽ	म्

अंतरा–1

X				0				X				0			
सां	**सां**	–	**सां**	–	–	**सां**	**सां**	**सां**	–	**रें**	**सां**	–	**सां**	**सां**	**सां**
रु	द्रा	ऽ	य	ऽ	ऽ	शि	व	शं	ऽ	क	रा	–	य	दु	ख
रें	–	**रें**	**रें**	–	गं	रें	**सां**	**सां**	–	–	–	–	–	–	**सां**
भं	ऽ	ज	ना	ऽ	य	ह	र	ओ	ऽ	ऽ	ऽ	ऽ	ऽ	ऽ	म्
ध	**ध**	–	**ध**	–	–	**ध**	–	**प**	–	**ध**	**प**	**म**	**म**	**रे**	**म**
भ	द्रा	ऽ	य	ऽ	ऽ	गं	ऽ	गा	ऽ	ध	रा	ऽ	य	प्र	भु
प	–	**ध**	**प**	**म**	**म**	**रे**	**ध**	**प**	**म**	–	–	–	–	–	**म**
त्र्यं	ऽ	ब	का	ऽ	य	ह	र	ओ	ऽ	ऽ	ऽ	ऽ	ऽ	ऽ	म्
म	**म**	–	**म**	–	–	**रे**	**म**	**प**	–	**ध**	**प**	**म**	**म**	**रे**	**म**
दे	वा	ऽ	य	ऽ	ऽ	लं	ऽ	बो	ऽ	द	रा	ऽ	य	शि	व

संगीतश्रीकृष्णरामायण गीतमाला, पुष्प 618 of 763

खयाल : राग हमीर, तीन ताल 16 मात्रा

नयनवा कजरारे ।

स्थायी : नयनवा कजरारे छलकाए नीर ।

अंतरा : 1. मनवा काहे जिया कलपाए,
पागल निश दिन मोहे तरपाए ।
आजा सजनवा थक गयो मनवा,
न धरत बिलकुल धीर ।।

2. जियरा कैसो हम बहलायें,
नैनन अँसुअन से भर आये ।
काहे सजनवा करत न बतिया,
न सुनत बिरहन गीत ।।

स्थायी

	2				0				3				X			
नि	**धनि**	**सांरें**	**सां**	–	**सां**	**नि**	**ध**	**प**	**मंध**	**मंप**	**ग**	**म**	**(नि)ध**	–	**ध**	**नि**
न	यऽ	नऽ	वा	ऽ	क	ज	रा	रे	छऽ	लऽ	का	ए	नी	ऽ	र	न
	धनि	**सांरें**	**सां**	–												
	यऽ	नऽ	वा	ऽ												

अंतरा-1

0				3				X				2			
प	**प**	**प**	**–**	**सां**	**–**	**सां**	**–**	**नि**	**ध**	**सां**	**सां**	**सां**	**रें**	**सां**	**–**
म	न	वा	ऽ	का	ऽ	हे	ऽ	जि	या	क	ल	पा	ऽ	ए	ऽ
ध	**–**	**ध**	**ध**	**सां**	**सां**	**सां**	**सां**	**सां**	**रें**	**सां**	**नि**	**ध**	**–**	**प**	**–**
पा	ऽ	ग	ल	नि	श	दि	न	मो	हे	त	र	पा	ऽ	ए	ऽ
नि	**सां**	**गं**	**गं**	**मं**	**रें**	**सां**	**–**	**ध**	**नि**	**सां**	**रें**	**सांरें**	**सांनि**	**ध**	**प**
आ	ऽ	जा	स	ज	न	वा	ऽ	थ	क	ग	यो	मऽ	नऽ	वा	ऽ
सां	**नि**	**ध**	**प**	**म॑ध**	**(म)प**	**ग**	**म**	**(नि)ध**	**–**	**ध**	**नि**	**धनि**	**सांरें**	**सां**	**–**
न	ध	र	त	बिऽ	ल	कु	ल	धी	ऽ	र	न	यऽ	नऽ	वा	ऽ

स्थायी तान : नयनवा कज़रा

1. **सारे सासा धध पप । म॑प धप गम रेसा**

   नयनवा कज़रा

2. **गम धनि सांनि धप । म॑प धप गम रेसा**

अंतरा तान : मनवा ऽ

1. **सांनि धप म॑प धनि । सांनि धप म॑प धप**

   गम रेसा निध सां–

2. **मनवा काहे जिया कलपाए ऽ**

   गम धनि सांरें सांनि । धप म॑प गम धनि । सांनि धप म॑प गम । धध पप गम रेसा

संगीतश्रीकृष्णरामायण गीतमाला, पुष्प 626 of 763

भजन : राग बहार, कहरवा ताल 8 मात्रा

हरि दर्शन ।

स्थायी : मोहे हरि दरशन की आस लगी, मोहे चातक जैसी प्यास लगी ।।

अंतरा : 1. राम चंद्र मोहे दरस दिलादो, किरपा का मोहे पयस पिलादो ।
राघव जी मोसे नैन मिलादो, पल भर ही सही, कोई बात नहीं ।।

2. नंद लाल हरि राह दिखादो, जीवन की मोहे चाह दिलादो ।
माधव मोहे चैन दिलादो, छन भर ही सही, कोई बात नहीं ।।

3. नाम मनोहर मन में बसादो, प्रीय सखे मोरा काज करादो ।
बाँसुरी की मोहे बैन सुनादो, एक सुर ही सही, कोई बात नहीं ।।

स्थायी

		X				0				X				0			
नि	सां	–	सांसां	नि	प	म	प	ग	म	म	नि	ध	नि	सां	–	नि	सां
मो	हे	ऽ	हरि	द	र	श	न	की	ऽ	आ	ऽ	स	ल	गी	ऽ	ऽ	ऽ
		–	सांरें	सां	रें	नि	सां	नि	प	ग	–	ग	म	रे	सा	नि	सां
		ऽ	चाऽ	त	क	जै	ऽ	सी	ऽ	प्या	ऽ	स	ल	गी	ऽ	मो	हे

अंतरा–1

X				0				X				0			
–	प	–प	प	म	प	ग	म	म	नि	ध	नि	सां	–	सां	–
ऽ	रा	–म	चं	ऽ	द्र	मो	हे	द	र	स	दि	ला	ऽ	दो	ऽ
–	नि	–नि	नि	सां	–	सां	–	नि	सां	रें	सां	नि	सां	नि	प
ऽ	किर	–पा	का	मो	ऽ	हे	ऽ	प	य	स	पि	ला	ऽ	दो	ऽ
–	गं	–गं	मं	रें	–	सां	सां	नि	–	ध	ध	नि	–	सां	–
ऽ	रा	–घ	व	जी	ऽ	मो	से	नै	ऽ	न	मि	ला	ऽ	दो	ऽ
–	सांसां	नि	प	म	प	ग	मम	म	नि	ध	नि	सां	–	नि	सां
ऽ	पल	भ	र	ही	स	ही	कोई	बा	ऽ	त	न	हीं	ऽ	मो	हे

संगीतश्रीकृष्णरामायण गीतमाला, पुष्प 632 of 763

तिलाना : कहरवा ताल 8 मात्रा

तूम तन नन नन दीम् ।

स्थायी : तूम तन नन नन दीम्, तदारे दानी ।
नित न देरे ना, तदारे तदारे दानी ।
तूम तन नन नन दीम्, तदारे दानी ।।

अंतरा : 1. शंख नाद कराहिं शिव, अनहद छंद तरंग ।
भोले शंकर नाचिबे, बाजे डमरू संग ।
तदारे दानी, तूम तन नन नन दीम्, तदारे दानी ।।

2. धा धा कित्, धा धा कित्, तकित् तका कित् ।
तांडव नृत्य दिखावैं, ता दीम् त दीम् दीम् ।
त दीम् तन नन नन, भूमंडल सब दंग, तदारे दानी ।।

स्थायी

X				0				X				0			
–	सांसां	सां	सां	नि	ध	प	ध	धसां	नि	ध	प	म	प	ग	रे
ऽ	तूम	त	न	न	न	न	न	दीऽ	ऽ	म्	त	दा	रे	दा	नी
–	सासा	रे	रे	ग	ग	म	म	प	–	प	ध	म	प	ग	रे
ऽ	तूम	त	न	न	न	न	न	दी	ऽ	म्	त	दा	रे	दा	नी
–	सासा	रे	रे	ग	ग	म	म	प	–	–	प	–	–	–	–
ऽ	तूम	त	न	न	न	न	न	दी	ऽ	ऽ	म्	ऽ	ऽ	ऽ	ऽ
–	नि	नि	नि	नि	ध	प	ध	नि	रें	सां	रें	नि	ध	प	प
ऽ	नि	त	न	दे	रे	ना	ऽ	त	दा	रे	त	दा	रे	दा	नी
–	सासा	रे	रे	ग	ग	म	म	प	–	प	ध	म	प	ग	रे
ऽ	तूम	त	न	न	न	न	न	दी	ऽ	म्	त	दा	रे	दा	नी
–	सासा	रे	रे	ग	ग	म	म	प	–	–	प	–	–	–	–
ऽ	तूम	त	न	न	न	न	न	दी	ऽ	ऽ	म्	ऽ	ऽ	ऽ	ऽ

अंतरा–1

X				0				X				0			
–	म	–	प	नि	–	नि	नि	सां	–	सां	–	रें	नि	सां	–
ऽ	शं	ऽ	ख	ना	ऽ	द	क	रा	ऽ	हिं	ऽ	शि	ऽ	व	ऽ
–	निनि	नि	नि	नि	ध	प	ध	नि	रें	सां	रें	नि	ध	प	–
ऽ	अन	ह	द	छं	ऽ	द	त	रं	ऽ	ऽ	ऽ	ऽ	ऽ	ग	ऽ
–	पप	–	रें	रें	–	रें	रें	–	सां	नि	नि	ध	–	प	–
ऽ	भोऽ	ऽ	ले	शं	ऽ	क	र	ऽ	ना	ऽ	चि	बे	ऽ	ऽ	ऽ
–	सां	–	सां	नि	ध	प	ध	धसां	नि	ध	प	म	प	ग	रे
ऽ	बा	ऽ	जे	ड	म	रू	ऽ	संऽ	ऽ	ग	त	दा	रे	दा	नी
–	सासा	रे	रे	ग	ग	म	म	प	–	–	प	–	–	–	–
ऽ	तूम	त	न	न	न	न	न	दी	ऽ	ऽ	म्	ऽ	ऽ	ऽ	ऽ

संगीतश्रीकृष्णरामायण गीतमाला, पुष्प 633 of 763

तराना : राग जौनपुरी

तीन ताल

स्थायी : दिर् दिर् तन नन तन, तूम् तन नन नन
निता न देरे ना तदा रे दानि
तूम् तनन नन, दीम् तनन नन
तदारे तदारे दानि, तदारे तदारे दानि ।।

अंतरा : ओदे तन ओदे तन, दीम् तन नन नन

तदीम तनन नन, तूम् तन नन नन
ना दिर् दानि तूँ दिर् दानि, तदारे तदारे दानि ।।

स्थायी

0				3				X				2			
सा	सा	रे	रे	म	म	प	प	नि	ध	ध	प	प	प	प	प
दिर्	दिर्	त	न	न	न	त	न	तो	म्	त	न	न	न	न	न
प	सां	–	सां	सां	नि	ध	प	ग	रे	–	म	ग	रे	सा	–
नि	ता	ऽ	न	दे	रे	ना	ऽ	त	दा	ऽ	रे	दा	ऽ	नि	ऽ
सा	सां	–	सां	सां	सां	सां	सां	नि	सां	नि	रें	सां	नि	ध	प
तू	म्	ऽ	त	न	न	न	न	दी	ऽ	म्	ता	न	न	न	न
प	सां	नि	सां	प	ध	म	प	ग	ग	रे	म	ग	रे	सा	सा
ना	दिर	दा	नि	तू	दिर	दा	नि	त	दा	रे	ता	दा	रे	दा	नि
सा	सा	रे	रे	म	म	प	प	नि	ध	ध	प	प	प	प	प
दिर्	दिर्	त	न	न	न	त	न	तू	म्	त	न	न	न	न	न

अंतरा–1

0				3				X				2			
म	म	प	प	ध	ध	नि	नि	सां	सां	सां	सां	रें	नि	सां	सां
दिर्	दिर्	त	न	दिर्	दिर्	त	न	तू	म्	त	न	न	न	न	न
नि	नि	–	नि	सां	सां	सां	रें	सां	गं	रें	सां	नि	सां	ध	प
ता	दीम	ऽ	त	न	न	न	न	तो	म्	त	न	न	न	न	न
प	सां	नि	सां	प	ध	म	प	ग	ग	रे	म	ग	रे	सा	सा
ना	दिर्	दा	नि	तूँ	दिर्	दा	नि	त	दा	रे	त	दा	रे	दा	नि
सा	सा	रे	रे	म	म	प	प	नि	ध	ध	प	प	प	प	प
दिर्	दिर्	त	न	न	न	त	न	तो	म्	त	न	न	न	न	न

संगीतश्रीकृष्णरामायण गीतमाला, पुष्प 652 of 763

भजन : राग काफी – तीन ताल

प्रभु मिलोगे कबहूँ ।

स्थायी : प्रभु मिलोगे अब कबहूँ, कहो मिलोगे अब कबहूँ ।
बिरहन अँसुअन कैसे सहूँ ।।

अंतरा : 1. निश दिन तरसत बरसत नैना,
हाल मैं मन का कासे कहूँ । कहो मिलोगे ...

2. मन बेचैना मुश्किल रैना,
तुम बिन सजना कैसे रहूँ । कहो मिलोगे ...

स्थायी

		0				3				X				2			
सा	नि	सा	रे	–	रे	ग	ग	म	म	प	–	–	म	ग	रे	सा	नि
प्र	भु	मि	लो	ऽ	गे	अ	ब	क	ब	हूँ	ऽ	ऽ	ऽ	ऽ	ऽ	क	हो
		सा	रे	–	रे	ग	ग	म	म	प	–	–	म	ग	रे	–	–
		मि	लो	ऽ	गे	अ	ब	क	ब	हूँ	ऽ	ऽ	ऽ	ऽ	ऽ	ऽ	ऽ
		रे	नि	ध	नि	प	ध	म	प	सांनि	धप	म	प	ग	रे	सा	नि
		बि	र	ह	न	अँ	सु	अ	न	कैऽ	ऽऽ	से	स	हूँ	ऽ	प्र	भु

अंतरा–1

0				3				X				2			
म	म	प	ध	नि	नि	सां	सां	सांरें	गंरें	सांरें	निसां	रें	नि	सां	–
नि	श	दि	न	त	र	स	त	ब	रऽ	स	त	नै	ऽ	ना	ऽ
नि	–	नि	नि	ध	नि	प	ध	नि	रें	सां	रें	नि	–	ध	प
हा	ऽ	ल	मैं	म	न	का	ऽ	का	ऽ	से	क	हूँ	ऽ	क	हो
प	नि	ध	नि	प	ध	म	प	पध	निसां	निध	पम	ग	रे	सा	नि
मि	लो	ऽ	गे	अ	ब	क	ब	हूँऽ	ऽऽ	ऽऽ	ऽऽ	ऽ	ऽ	प्र	भु

स्थायी तान : प्रभु मिलोगे अब

1. सारे गम गरे सारे । गम पम गरे सा–

प्रभु मिलोगे अब

2. सारे गम पध निसां । निध पम गरे सा–

अंतरा तान : निश दिन

1. रेग मप धनि सांनि । धप धनि सांरें गंरें । सांनि धप मग रेसा

निश दिन तरसत बरसत नैना ऽ

2. पम गम गरे सानि । सा– निध पध पम । गरे धनि सांरें गंरें । सांनि धप मग रेसा

संगीतश्रीकृष्णरामायण गीतमाला, पुष्प 658 of 763

भजन : राग पीलू

सीता–बिरहा गीत ।

स्थायी : रो रो मैं तो बाँवरिया, मोहे बचाओ साँवरिया ।।

अंतरा : 1. भोली झूठा कर पापी नजरिया, मोहे उठा कर जोर जबरिया ।
लाया उड़ा कर, पार सागरिया ।।

2. रावन की ये सुवन नगरिया, महल ये गलियाँ, सुंदर बगिया ।
लागत मोहे, भुवन में घटिया ।।

3. मोहे लुभावत असुरों की मुखिया, ताने चुभावत रावन सखियाँ ।
हाय! रुलावत, लाज न रखियाँ ।।

4. खात है दिन डसे नागिन रतिया, काटत मन अरु काँपत छतिया ।
   नाथ विना अब, कासे कहूँ बतिया ।
5. सिय को पुकारत रामजी दुखिया, रोत है लछिमन व्याकुल अँखियाँ ।
   आया है हनुमत, लेके मुँदरिया ।।

स्थायी

X				0				X				0			
ग	रे	सा	ऩि	सा	–	रे	प	ग	रे	सा	ऩि	सा	–	–	–
रो	ऽ	रो	ऽ	मैं	ऽ	तो	ऽ	बाँ	ऽ	व	रि	या	ऽ	ऽ	ऽ
म	प	नि	नि	सां	–	निध	प	ग	म	ध	प	ग	रे	ऩि	सा
मो	ऽ	हे	ब	चा	ऽ	ओऽ	ऽ	साँ	ऽ	व	रि	या	ऽ	ऽ	ऽ
ग	रे	सा	ऩि	सा	–	रे	प	ग	रे	सा	ऩि	सा	–	–	–
रो	ऽ	रो	ऽ	मैं	ऽ	तो	ऽ	बाँ	ऽ	व	रि	या	ऽ	ऽ	ऽ

अंतरा–1

X				0				X				0			
सा	–	ग	म	प	–	प	प	–	गम	नि	प	ग	रे	ऩि	सा
भो	ऽ	ली	झू	ठा	ऽ	क	र	ऽ	पाऽ	पी	न	ज	रि	या	ऽ
ग	–	ग	ग	म	–	म	म	पध	नि	ध	नि	प	ध	प	–
मो	ऽ	हे	उ	ठा	ऽ	क	र	जोऽ	ऽ	र	ज	ब	रि	या	ऽ
नि	–	नि	नि	सां	–	निध	प	–	गम	ध	प	ग	रे	ऩि	सा
ला	ऽ	या	उ	ड़ा	ऽ	कऽ	र	ऽ	पाऽ	र	सा	ग	रि	या	ऽ
ग	रे	सा	ऩि	सा	–	रे	प	ग	रे	सा	ऩि	सा	–	–	–
रो	ऽ	रो	ऽ	मैं	ऽ	तो	ऽ	बाँ	ऽ	व	रि	या	ऽ	ऽ	ऽ

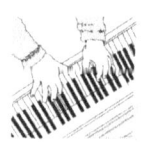

संगीतश्रीकृष्णरामायण गीतमाला, पुष्प 664 of 763

भजन : राग दुर्गा, दादरा ताल 6 मात्रा

राम नाम लिखो ।

स्थायी : राम लिखो, नाम लिखो, राम लिखो, नाम रे ।।

अंतरा : 1. शिला तरे, सेतु बने, स्वेद बिंदु ढार रे ।
   राम जपो, नाम रटो, तभी बने काम रे ।।
2. जादू भरा, महा भला, राम राम नाम रे ।
   काम करो, काम करो, राम को लो थाम रे ।।
3. राह तके, सिया वहाँ, रात दिवस जाग के ।
   अँगुठी को देख देख, कहे प्रभो राम रे! ।।

स्थायी

X			0			X			0		
ध	–	**ध**	**प**	**म**	–	**प**	–	**प**	**म**	**रे**	–
रा	ऽ	म	लि	खो	ऽ	ना	ऽ	म	लि	खो	ऽ
सा	–	**सा**	**सा**	**ध**	–	**प**	–	**म**	**म**	–	–
रा	ऽ	म	लि	खो	ऽ	ना	ऽ	म	रे	ऽ	ऽ
ध	–	**ध**	**प**	**म**	–	**प**	–	**प**	**म**	**रे**	–
रा	ऽ	म	लि	खो	ऽ	ना	ऽ	म	लि	खो	ऽ

अंतरा–1

X			0			X			0		
म	–	**म**	**प**	**ध**	–	**सां**	–	**सां**	**सां**	**सां**	–
शि	ऽ	ला	त	रे	ऽ	से	ऽ	तु	ब	ने	ऽ
ध	–	**सां**	**रें**	–	**सां**	**ध**	–	**ध**	**प**	–	–
स्वे	ऽ	द	बिं	ऽ	दु	ढा	ऽ	र	रे	ऽ	ऽ
ध	–	**ध**	**प**	**म**	–	**प**	–	**प**	**म**	**रे**	–
रा	ऽ	म	ज	पो	ऽ	ना	ऽ	म	र	टो	ऽ
सा	**सा**	–	**ध**	**ध**	–	**प**	–	**म**	**म**	–	–
त	भी	ऽ	ब	ने	ऽ	का	ऽ	म	रे	ऽ	ऽ
ध	–	**ध**	**प**	**म**	–	**प**	–	**प**	**म**	**रे**	–
रा	ऽ	म	लि	खो	ऽ	ना	ऽ	म	लि	खो	ऽ

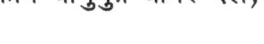

संगीतश्रीकृष्णरामायण गीतमाला, पुष्प 665 of 763

राग भैरवी – तीव्र ताल

राम भक्त हनुमान ।

स्थायी : श्री राम का शुभ नाम लिख लिख, पवन सुत शिला तरै ।
जल सेतु बंधन, सिंधु तारण, कपीश दल सेवा करै ।।

अंतरा : 1. जांबुवंत सुग्रीव हनुमत, राम काज करन खटै ।
नल नील अंगद ऋष मरुत कपि, राम का शुभ नाम रटै ।।

2. भानु आतप तनु तपा कर, स्वेद बिंदु जल में गिरै ।
उस पूज्य पावन नीर में, शिला सेतु तारन काज करै ।।

3. लंका दहन, रावण हनन, सिंधु योजन दूर उड़ै ।
कपि वायुपुत्र वानर दल, सब राम जाप का मोद लुटै ।।

स्थायी

	X			2		3		X			2		3	
सा रे	नि	–	सा	ग	–	म	ग	प	–	ध	प	प	प	प
श्री ऽ	रा	ऽ	म	का	ऽ	शु	भ	ना	ऽ	म	लि	ख	लि	ख
	प	प	प	ध	म	प	नि	ध	प	म	रे	–	सा	रे
	प	व	न	सु	त	शि	ऽ	ला	ऽ	त	रै	ऽ	ज	ल
	नि	–	सा	ग	–	म	ग	प	–	ध	प	–	प	प
	से	ऽ	तु	बं	ऽ	ध	न	सिं	ऽ	धु	ता	ऽ	र	ण
	प	प	प	ध	म	प	नि	ध	प	म	रे	–	सा	रे
	क	पी	श	द	ल	से	ऽ	वा	ऽ	क	रै	ऽ	श्री	ऽ

अंतरा-1

X			2		3		X			2		3	
ग	–	म	ध	–	नि	नि	सां	–	सां	नि	रें	सां	सां
जां	ऽ	बु	वं	ऽ	त	सु	ग्री	ऽ	व	ह	नु	म	त
नि	–	नि	सां	–	सां	सां	सांनि	रें	सां	ध	प	ग	ग
रा	ऽ	म	का	ऽ	ज	क	रऽ	न	ख	टै	ऽ	न	ल
प	–	प	प	ध	नि	सां	प	नि	ध	प	म	ग	ग
नी	ऽ	ल	अं	ऽ	ग	द	ऋ	ष	म	रु	त	क	पि
प	–	प	ध	म	प	नि	ध	प	म	रे	–	सा	रे
रा	ऽ	म	का	ऽ	शु	भ	ना	म	र	टै	ऽ	श्री	ऽ

संगीतश्रीकृष्णरामायण गीतमाला, पुष्प 671 of 763

लंका दहन – कहरवा ताल

स्थायी : बजायो रे, युद्ध का डंका, जरायो मारुति लंका ।।

अंतरा :
1. रावण को कहे विभिषण भाई, काहे रखै तू दार पराई ।
कपि को सौंप दे सीता, नहीं माना वो अडबंगा ।।
2. असुरन कपि की पूँछ जलाये, दावाग्नि को आप बुलाये ।
जलायो सोने की लंका, राम का दास ये बाँका ।।
3. शिव जी का अवतार सजायो, तांडव थैया नाच रचायो ।
डुबायो आग में लंका, "बचाओ!" एक है हाँका ।।

स्थायी

	0				X				0				X			
ध	नि	रें	सां	–	–	नि	–	सां	ध	–	प	मं	प	–	–	म
ब	जा	यो	रे	ऽ	ऽ	यु	ऽ	द्ध	का	ऽ	डं	ऽ	का	ऽ	ऽ	ज
	गरे	ग	रेसा	–	–	ग	–	म	ध	–	नि	–	सां	–	–	ध
	राऽ	ऽ	यो	ऽ	ऽ	मा	ऽ	रु	ति	ऽ	लं	ऽ	का	ऽ	ऽ	ऽ

अंतरा-1

0				X				0				X			
–	प	–ग	म	प	–	प	प	–	निनि	नि	सां	ध	–	प	–
ऽ	रा	ऽव	ण	को	ऽ	क	हे	ऽ	विभि	ष	ण	भा	ऽ	ई	ऽ
–	प	–ग	म	प	–	प	–	–	नि	–नि	सां	ध	–	प	प
ऽ	का	ऽहे	र	खै	ऽ	तू	ऽ	ऽ	दा	ऽर	प	रा	ऽ	ई	क
ध	रें	सां	–	–	नि	–	सां	ध	–	प	मं	प	–	–	म
पि	ऽ	को	ऽ	ऽ	सौं	ऽ	प	दे	ऽ	सी	ऽ	ता	ऽ	ऽ	न
गरे	ग	(रे)सा	–	–	ग	–	म	ध	ध	नि	–	सां	–	–	ध
हींऽ	ऽ	मा	ऽ	ऽ	ना	ऽ	वो	अ	ड	बं	ऽ	गा	ऽ	ऽ	ब

संगीतश्रीकृष्णरामायण गीतमाला, पुष्प 678 of 763

खयाल : राग देस – तीन ताल

विभीषण को बोली सीता

स्थायी : विभीषण से बोली सीता, राघव से कहो दरशन दीजो ।

अंतरा : 1. राघव आओ मेरी नगरिया, दैया रे दैया, रामा लीजो खबरिया ।
निश दिन मेरा सुमिरन कीजो ।।

2. याद करे है तोरी सजनिया, राह में तेरी, रामा मोरी नज़रिया ।
वानर सेना साथ में लीजो ।।

स्थायी

0				3				X				2			
रे	रे	म	म	प	–	नि	–	सां	–	नि	सां	पनि	सांरें	नि	सां
वि	भी	ष	ण	से	ऽ	बो	ऽ	ली	ऽ	ऽ	ऽ	सीऽ	ऽऽ	ता	ऽ
रें	नि	ध	प	मप	धप	मग	रे	रे	ग	रे	म	गरे	ग	नि़	सा
रा	ऽ	घ	व	से	ऽऽ	क	हो	द	र	श	न	दी	ऽ	जो	ऽ
रे	रे	म	म	प	–	नि	–	सां	–	नि	सां	पनि	सांरें	नि	सां
वि	भी	ष	ण	को	ऽ	बो	ऽ	ली	ऽ	ऽ	ऽ	सीऽ	ऽऽ	ता	ऽ

अंतरा-1

0				3				X				2			
म	–	म	म	प	–	नि	–	सां	–	सां	सां	रें	नि	सां	–
रा	ऽ	घ	व	आ	ऽ	ओ	ऽ	मे	ऽ	री	न	ग	रि	या	ऽ
नि	सांरें	रें	मं	गं	रें	नि	सां	प	नि	सां	रें	नि	ध	प	–
दै	यारे	दै	या	रा	ऽ	मा	ऽ	ली	ऽ	जो	ख	ब	रि	या	ऽ
सां	सां	नि	नि	ध	प	म	प	म	प	ध	पम	गरे	ग	नि़	सा
नि	श	दि	न	मे	ऽ	रा	ऽ	सु	मि	र	नऽ	की	ऽ	ज्यो	ऽ

स्थायी तान : विभीषण से बो ऽ

1. सारे मप निसां रेंसां । निध पम गरे सा–

विभीषण से बो ऽ

2. मप निसां रेंसां निसां । निध पम गरे सा–

अंतरा तान : राघव आओ मेरी नगरिया ऽ

1. निसा रेग मग रेसा । निसां रेंगं मंगं रेंसां

निध पम गरे सा– । पनि सांप निसां पनि

राघव आओ ऽ

2. सांनि धप निध पम । गरे सानि सा– सा– । रेम पध मप निनि

सां– — रेम पध । मप निनि सां– – – । रेम पध मप निनि

संगीतश्रीकृष्णरामायण गीतमाला, पुष्प 691 of 763

कीर्तन – कहरवा ताल

जय हनुमान् ।

स्थायी : जै हनुमान् जै जै जय हनुमान् । जै हनुमान् महान् ।
जै हनुमान तूफान ।।

अंतरा : 1. सेतु बंधन जै हनुमान्, सागर लाँघन जै हनुमान् ।
जानकी ढूंढन जै हनुमान्,
प्रणाम तुमको श्री हनुमान् ।।

2. लंका दहनन जै हनुमान्, लखन संजीवन जै हनुमान् ।
असुर निकंदन जै हनुमान्,
प्रणाम तुमको श्री हनुमान् ।।

3. अंजनी नंदन जै हनुमान्, सब दुख भंजन जै हनुमान् ।
हे जग वंदन जै हनुमान्,
प्रणाम तुमको श्री हनुमान् ।।

स्थायी

X				0				X				0			
सां	–	सां	रें	सां	–	नि	ध	सां	नि	गं	रें	सां	–	–	सां
जै	ऽ	ह	नु	मा	न्	जै	जै	ज	य	ह	नु	मा	ऽ	ऽ	न्
सां	–	सां	रें	सां	नि	ध	प	धप	म	–	–	–	–	–	म
जै	ऽ	ह	नु	मा	ऽ	न	म	हाऽ	ऽ	ऽ	ऽ	ऽ	ऽ	ऽ	न्
प	–	प	ध	प	म	ग	रे	गरे	सा	–	–	–	–	–	सा
जै	ऽ	ह	नु	मा	ऽ	न्	तू	फाऽ	ऽ	ऽ	ऽ	ऽ	ऽ	ऽ	न

अंतरा-1

X				0				X				0			
प	सां	सां	–	सां	रें	सां	नि	नि	सां	रें	सां	रें	–	–	रें
से	ऽ	तु	ऽ	बं	ऽ	ध	न	जै	ऽ	ह	नु	मा	ऽ	ऽ	न्
रें	–	रें	गं	रें	सां	सां	सां	(नि)ध	–	नि	रें	रें	सां	–	सां
सा	ऽ	ग	र	लाँ	ऽ	घ	न	जै	ऽ	ह	नु	मा	ऽ	ऽ	न्
प	सां	सां	सां	सां	रें	सां	नि	नि	सां	रें	सां	रें	–	–	रें
जा	ऽ	न	की	ढूँ	ऽ	ढ	न	जै	ऽ	ह	नु	मा	ऽ	ऽ	न्
रें	रें	–	गं	रें	सां	सां	–	(नि)ध	–	नि	रें	रें	सां	–	सां
प्र	णा	ऽ	म	तु	म	को	ऽ	श्री	ऽ	ह	नु	मा	ऽ	ऽ	न्
सां	–	सां	रें	सां	–	नि	ध	सां	नि	गं	रें	सां	–	–	सां
जै	ऽ	ह	नु	मा	न्	जै	जै	ज	य	ह	नु	मा	ऽ	ऽ	न्

संगीतश्रीकृष्णरामायण गीतमाला, पुष्प 709 of 763

खयाल : राग मारवा – तीन ताल, 16 मात्रा

रघुपति राघव ।

स्थायी : रघुपति राघव राम दुलारे, सदा दुखों को हरना हमारे ।
बिनति करत हम भगतन, सारे ।।

अंतरा : 1. हाथ जोड़ के शरण में तेरी, तन मन अर्पण चरण में लीजो ।
सुफल सुभग शुभ गान तिहारे ।।

2. प्रिय जानकी पास सदा ही, पवन तनय प्रभु दास तुम्हारे ।
सपनन में प्रभु आओ हमारे ।।

स्थायी

0				3				X				2			
नि़	रे	ग	मं	ध	मं	ध	ध	सां	–	निरें	निध	ध	मं	मं	ग
र	घु	प	ति	रा	ऽ	घ	व	रा	ऽ	मऽ	दु	ला	ऽ	रे	ऽ
मं	ग	–	मंग	रे	–	सा	–	ध	नि	ध	मं	ग	रे	सा	–
स	दा	ऽ	दुऽ	खों	ऽ	को	ऽ	ह	र	ना	ह	मा	ऽ	रे	ऽ
नि़	रे	ग	ग	मं	मं	ध	ध	नि	नि	ध	मं	गरे	ग	रे	सा
बि	न	ति	क	र	त	ह	म	भ	ग	त	न	साऽ	ऽ	रे	ऽ
नि़	रे	ग	मं	ध	मं	ध	ध	सां	–	निरें	निध	ध	मं	मं	ग
र	घु	प	ति	रा	ऽ	घ	व	रा	ऽ	मऽ	दु	ला	ऽ	रे	ऽ

अंतरा–1

0				3				X				2			
म॑	ग	म॑	ध	सां	सां	सां	–	सां	सां	सां	सां	रें॒	–	सां	–
हा	ऽ	थ	जो	ऽ	ड़	के	ऽ	श	र	ण	में	ते	ऽ	री	ऽ
नि	रें॒	गं	रें॒	मं॑	गं	रें॒	सां	सां	रें॒	नि	ध	म॑	ग	रे॒	सा
त	न	म	न	अ	र्	प	ण	च	र	ण	में	ली	ऽ	जो	ऽ
नि़	रे॒	ग	ग	म॑	म॑	ध	ध	नि	–	ध	म॑	गरे॒	ग	रे॒	सा
सु	फ	ल	सु	भ	ग	शु	भ	गा	ऽ	न	ति	हा	ऽ	रे	ऽ
नि़	रे॒	ग	म॑	ध	म॑	ध	ध	सां	–	निरें॒	निध	ध	म॑	म॑	ग
र	घु	प	ति	रा	ऽ	घ	व	रा	ऽ	मऽ	दु	ला	ऽ	रे	ऽ

स्थायी तान : रघुपति राघव

1. नि़रे॒ गम॑ धनि धम॑ । गम॑ धम॑ गरे॒ सा–

रघुपति राघव

2. गम॑ धनि म॑ध निरें॒ । निध म॑ध म॑ग रे॒सा

अंतरा तान : हाथ जोड़ के शरण में तेरी ऽ

1. धध म॑ध म॑ग रे॒सा । निनि धनि धम॑ गरे॒

सा– नि़रे॒ गम॑ धध । म॑ध निध म॑ग रे॒सा

हाथ जोड़ के शरण में

2. नि़रे॒ गग रे॒ग म॑म॑ । गम॑ धध म॑ध निनि । धनि रें॒ रें॒ निरें॒ गंगं

गंगं रें॒सां रें॒ रें॒ सांनि । सांसां निध निनि धम॑ । धध म॑ग म॑म॑ गरे॒

गग रे॒सा नि़रे॒ गम॑ । धनि धम॑ गम॑ धम॑ । गरे॒ गम॑ गरे॒ सा–

संगीतश्रीकृष्णरामायण गीतमाला, पुष्प 725 of 763

दिवाली भजन – कहरवा ताल

स्थायी : घर घर दीप जलाओ सखी री, आज दीवाली ।
आतशबाज़ी जलाओ रे भैया, आज दीवाली ।।

अंतरा :
1. लक्ष्मी पूजा करो रे भैया,
मृदंग ढोल बजाओ, सखी री ।।
2. धन देवी की आरती मंगल,
कीर्तन गान सुनाओ, सखी री ।।
3. आज घर आयो दशरथ नंदन,
अवध में आनंद छायो, सखी री ।।
4. बाल बालिका वनिता सुंदर,
रंग रंगोली सजायो, सखी री ।।

स्थायी

X				0				X				0			
प	प	प	प	प	नि	ध	प	म	–	म	म	म	प	म	ग
घ	र	घ	र	दी	ऽ	प	ज	ला	ऽ	ओ	स	खी	री	आ	ज
म	–	प	–	ध	–	–	–	सां	सां	सां	सां	सां	–	सां	नि
दी	ऽ	वा	ऽ	ली	ऽ	ऽ	ऽ	घ	र	घ	र	दी	ऽ	प	ज
ध	–	ध	ध	ध	ध	ध	म	–	मध	निरें	सां	ध	–	प	म
ला	ऽ	ओ	स	खी	री	आ	ज	ऽ	दीऽ	वाऽ	ऽ	ली	ऽ	ऽ	ऽ
प	–	प	प	प	नि	ध	प	म	–	म	म	म	प	म	ग
आ	ऽ	त	श	बा	ऽ	ज़ी	ज	ला	ऽ	ओ	रे	भै	या	आ	ज
म	–	प	–	ध	–	प	म								
दी	ऽ	वा	ऽ	ली	ऽ	ऽ	ऽ								

अन्तरा–1

X				0				X				0			
–	ग	–ग	–	ग	म	म	–	–	धध	ध	प	प	म	म	–
ऽ	लक्ष्	ऽमी	ऽ	पू	ऽ	जा	ऽ	ऽ	करो	रे	ऽ	भै	ऽ	या	ऽ
–	सां	–ध	नि	सां	–	सां	ध	–	धनि	रें	सां	ध	–	प	म
ऽ	लक्ष्	ऽमी	ऽ	पू	ऽ	जा	ऽ	ऽ	करो	रे	ऽ	भै	ऽ	या	ऽ
–	प	प	प	प	नि	ध	प	म	–	म	म	म	प	म	ग
ऽ	मृ	दं	ग	ढो	ऽ	ल	ब	जा	ऽ	ओ	स	खी	री	आ	ज
म	–	प	–	ध	–	–	–								
दी	ऽ	वा	ऽ	ली	ऽ	ऽ	ऽ								

संगीतश्रीकृष्णरामायण गीतमाला, पुष्प 741 of 763

खयाल : राग दरबारी कान्हड़ा – तीन ताल

छम छम पायल ।

स्थायी : छम छम पायल घुँघरू बाजे, साथ में डम डम डमरू बोले ।
गौरी शंकर तांडव नाचे ।।

अंतरा : 1. गल में माला सर्प बिराजे, कटि पर हिरन की छाला साजे ।
शंख फूँकते बम् बम् भोले,
धरती अंबर संग में डोले ।।

2. सिर पे गंगा, चंद्र जटा में, तन पर भसम बिभूति शिवा के ।
आँख तीसरी शंकर खोले,
डम् डम डम् डम डमरू बोले ।।

स्थायी

		0				3				X				2			
म	म	रे	रे	–	सा	नि़	सा	रे	प	ग	–	ग	म	रे	सा	म	म
छ	म	छ	म	ऽ	पा	य	ल	घुँ	घ	रू	ऽ	बा	ऽ	जे	ऽ	छ	म
		रे	रे	–	सा	नि़	सा	रे	प	ग	–	ग	म	रे	सा	–	–
		छ	म	ऽ	पा	य	ल	घुँ	घ	रू	ऽ	बा	ऽ	जे	ऽ	ऽ	ऽ
		–	म	–म	म	प	प	प	प	–	मप	सां	–	निध	–	नि	प
		ऽ	सा	ऽथ	में	ड	म	ड	म	ऽ	डम	रू	ऽ	बोऽ	ऽ	ले	ऽ
		–	सां	–	सां	नि	प	म	प	ग	–	ग	म	रे	सा	म	म
		ऽ	गौ	ऽ	री	शं	ऽ	क	र	तां	ऽ	ड	व	ना	चे	छ	म

अंतरा–1

0				3				X				2			
म	म	प	–	निध	–	नि	–	सां	–	सां	सां	रें	नि	सां	–
ग	ल	में	ऽ	माऽ	ऽ	ला	ऽ	स	ऽ	र्प	बि	रा	ऽ	जे	ऽ
नि	सां	रें	रें	रें	सां	सां	सां	नि	सां	रें	सां	(नि)ध	–	नि	प
क	टि	प	र	हि	र	न	की	छा	ऽ	ला	ऽ	सा	ऽ	जे	ऽ
प	रें	रें	रें	–	रें	सां	रें	गं	–	गं	मं	रें	–	सां	–
शं	ऽ	ख	फूँ	ऽ	क	ते	ऽ	बम्	ऽ	बम्	ऽ	भो	ऽ	ले	ऽ
म	प	सां	–	नि	प	म	प	ग	–	ग	म	रे	सा	म	म
ध	र	ती	ऽ	अं	ऽ	ब	र	सं	ऽ	ग	में	डो	ले	छ	म

स्थायी तान : छम छम पायल

1. मप़ निध़ निनि़ पप़ । सासा रेरे सानि़ सासा

छम छम पायल

2. मप़ निध़ निनि़ सासा । नि़सा रेरे सानि़ सासा

अंतरा तान : गल में माला सर्प बिराजे ऽ

1. सासा रेरे सानि़ सासा । मग मम रेरे सासा ।
मप निध निनि पप । मग मम रेरे सासा

गल में माला सर्प बिराजे ऽ

2. मप निध निनि सांसां । निध निनि रेंरें सांसां । मंगं मंमं रेंरें सांसां ।
निध निनि रेंरें सांसां । सांसां रेंरें सांनि सांसां । निध निनि पम पप ।
मप निध निनि पप । मग मम रेरे सासा

तराना : राग मालकंस – तीन ताल

स्थायी : ना दिर् दिर् तूम तारे दीम तन नन नन
देरे ना देरे ना तारे दीम तनन नन ।।

अंतरा : ओ दे तन ओ दे तन दीम् तन नन नन
त दीम दीम त नन तूम तन नन नन
दीम् दीम् तन नन, दीम् दीम् तन नन
तिते कत गदि गिन ध – – –
तिते कत गदि गिन धा – – – तिते कत गदि गिन ।।

स्थायी

0				3				X				2			
ग	म	ग	सा	–	ध़	–	नि़	सा	–	म	म	ग	म	ग	सा
ना	दिर्	दिर्	तुम्	ऽ	ता	ऽ	रे	दीम्	–	त	न	न	न	न	न
ग	ग	ग	म	म	म	ध़	नि़	सा	म	म	म	म	म	म	म
दे	रे	न	दे	रे	न	ता	रे	दीम्	–	त	न	न	न	न	न
ग	म	ग	सा	–	ध़	–	नि़	सा	–	म	म	ग	म	ग	सा
ना	दिर्	दिर्	तुम्	ऽ	ता	ऽ	रे	दीम्	–	त	न	न	न	न	न

अंतरा–1

0				3				X				2			
ग	ग	म	म	ध	ध	नि	नि	सां	–	सां	सां	गं	नि	सां	सां
ओ	दे	त	न	ओ	दे	त	न	दीम्	ऽ	त	न	न	न	न	न
नि	नि	नि	नि	नि	नि	नि	नि	ध	नि	सां	नि	ध	नि	ध	म
त	दी	म्	दी	म्	त	न	न	तू	म्	त	न	न	न	न	न
सां	–	गं	मं	गं	गं	सां	सां	ग	–	ग	म	ग	सा	सा	सा
दी	म्	दी	म्	त	न	न	न	दीम्	ऽ	दी	म्	त	न	न	न
ग	ग	म	म	ध	ध	नि	नि	सां	–	सां	–	ग	ग	म	म
ति	ते	क	त	ग	दि	गि	न	धा	ऽ	ऽ	ऽ	ति	ते	क	त
ध	ध	नि	नि	सां	–	सां	–	ग	ग	म	म	ध	ध	नि	नि
ग	दि	ग	नी	धा	ऽ	ऽ	ऽ	ति	ते	क	त	ग	दि	गि	न
ग	म	ग	सा	–	ध़	–	नि़	सा	–	म	म	ग	म	ग	सा
ना	दिर्	दिर्	तुम्	ऽ	ता	ऽ	रे	दीम्	–	त	न	न	न	न	न

भजन : राग खमाज, कहरवा ताल 8 मात्रा

रामायण की अमर कहानी ।

स्थायी : रामायण की अमर कहानी, मुनिवर कह गये ध्यानी रे ।
राम कथा की अमृत वाणी, सुन सुन जन भये ज्ञानी रे ।।

अंतरा : 1. राम नाम का चल कर जादू, पाप ताप सब भागे रे ।
पापी लुटेरा रत्नाकर भी, बन गयो बाल्मीकि आगे रे ।।

2. वचन पिता का सिर पर धर के, त्यागा राज को हासी रे ।
सौकन माँ की तृप्ति करने, बना राम वनवासी रे ।।

3. सुख दुख दोनों समान कर के, जस कहती है गीता रे ।
साथ पति के बन को निकली, धर्मचारिणी सीता रे ।।

स्थायी

X				0				X				0			
प	ध	म	–	ग	ग	रे	सा	सा	सा	ग	ग	म	–	म	–
रा	ऽ	मा	ऽ	य	ण	की	ऽ	अ	म	र	क	हा	ऽ	नी	ऽ
ग	म	प	प	प	प	ध	सां	<u>नि</u>	ध	प	म	मध	पध	मप	ग
मु	नि	व	र	क	ह	ग	ये	ध्या	ऽ	नी	ऽ	रेऽ	ऽऽ	ऽऽ	ऽ
ग	म	ध	ध	ध	–	ध	–	ध	<u>नि</u>	ध	<u>नि</u>	प	ध	प	–
रा	ऽ	म	क	था	ऽ	की	ऽ	अ	म	रि	त	वा	ऽ	णी	ऽ
ग	म	प	प	प	प	ध	सां	<u>नि</u>	ध	प	म	मध	पध	मप	ग
सु	न	सु	न	ज	न	भ	ये	ज्ञा	ऽ	नी	ऽ	रेऽ	ऽऽ	ऽऽ	ऽ

अंतरा–1

X				0				X				0			
ग	म	ध	नि	सां	सां	सां	–	नि	नि	सां	रें	नि	सां	<u>नि</u>	ध
रा	ऽ	म	ना	ऽ	म	का	ऽ	च	ल	क	र	जा	ऽ	दू	ऽ
नि	–	नि	नि	सां	सां	सां	सां	प	नि	सां	रें	<u>नि</u>	–	ध	प
पा	ऽ	प	ता	ऽ	प	स	ब	भा	ऽ	गे	ऽ	रे	ऽ	ऽ	ऽ
ग	–	ग	म	ध	–	ध	–	ध	<u>नि</u>	ध	<u>नि</u>	प	ध	प	–
पा	ऽ	पी	लु	टे	ऽ	रा	ऽ	र	त्	ना	ऽ	क	र	भी	ऽ
ग	म	प	प	प	प	ध	सां	<u>नि</u>	ध	प	म	मध	पध	मप	ग
ब	न	ग	यो	बा	ऽ	ल्मी	कि	आ	ऽ	गे	ऽ	रेऽ	ऽऽ	ऽऽ	ऽ
प	ध	म	–	ग	ग	रे	सा	सा	सा	ग	ग	म	–	म	–
रा	ऽ	मा	ऽ	य	ण	की	ऽ	अ	म	र	क	हा	ऽ	नी	ऽ

संगीतश्रीकृष्णरामायण गीतमाला, पुष्प 750 of 763

खयाल : राग तोड़ी, तीन ताल 16 मात्रा

मीरा पी गयी विष का प्याला ।

स्थायी : मीरा पी गई विष का प्याला, ना हुई उईमा ना भई पीड़ा ।
केशव की सब लीला ।।

अंतरा : 1. राणा जी से नाता तोरा, जग जन से मीरा मुख मोड़ा ।
मोहन संग मन जोड़ा ।।

2. राधावर का नाम पियारा, गाई निश दिन हरि हरि मीरा ।
हँस कर जीवन छोड़ा ।।

स्थायी

0				3				X				2			
नि़	ध़	नि़	–	सा	–	सा	सा	रे	ग	ग	म॑	रे	ग	रे	सा
मी	ऽ	रा	ऽ	पी	ऽ	ग	ई	वि	ष	का	ऽ	प्या	ऽ	ला	ऽ
ग	–	म॑	प	ध	ध	म॑	ग	ग	–	ग	म॑	रे	ग	रे	सा
ना	ऽ	हु	ई	उ	ई	मा	ऽ	ना	ऽ	भ	ई	पी	ऽ	ड़ा	ऽ
ग	–	म॑	ध	सां	–	नि	ध	धनि	सांरें	गंरें	सांनि	धप	म॑ग	रेग	रेसा
के	ऽ	श	व	की	ऽ	स	ब	लीऽ	ऽऽ	ऽऽ	ऽऽ	ऽऽ	ऽऽ	लाऽ	ऽऽ

अंतरा–1

0				3				X				2			
ध	म॑	म॑	ग	म॑	–	ध	–	धनि	सां	सां	–	नि	रें	सां	–
रा	ऽ	णा	ऽ	जी	ऽ	से	ऽ	नाऽ	ऽ	ता	ऽ	तो	ऽ	ड़ा	ऽ
नि	ध	नि	नि	सां	–	सां	–	सांरें	गं	रें	सां	नि	सां	नि	ध
ज	ग	ज	न	से	ऽ	मी	ऽ	राऽ	ऽ	मु	ख	मो	ऽ	ड़ा	ऽ
ध	–	ध	गं	रें	सां	सां	सां	धनि	सांरें	गंरें	सांनि	धप	म॑ग	रेग	रेसा
मो	ऽ	ह	न	से	ऽ	म	न	जोऽ	ऽऽ	ऽऽ	ऽऽ	ऽऽ	ऽऽ	राऽ	ऽऽ
नि़	ध़	नि़	–	सा	–	सा	सा	रे	ग	ग	म॑	रे	ग	रे	सा
मी	ऽ	रा	ऽ	पी	ऽ	ग	ई	वि	ष	का	ऽ	प्या	ऽ	ला	ऽ

संगीतश्रीकृष्णरामायण गीतमाला, पुष्प 759 of 763

भजन : राग मालकंस, कहरवा ताल 8 मात्रा

श्री सत्यनारायण आरती

स्थायी : श्री सत्य नारायण साँई रे,
तेरी आरती बड़ी सुखदायी, रे ।

अंतरा : 1. लक्ष्मीपति जग स्वामी हैं,
मेरे माता पिता अरु भाई, रे ।
2. किरपावान गोसाईं हैं,
अरु निश दिन मेरे सहाई, रे ।
3. पूजा पाठ सजाओ रे,
अजी! गान कथा भी सुनाओ, रे ।

स्थायी

	X				0				X				0			
म ग	–	ग	ग	ग	म	–	प	सां	(नि)ध	प	म	ग	म	–	म	ग
श्री ऽ	ऽ	स	त्य	ना	रा	ऽ	य	ण	साँ	ऽ	ई	ऽ	रे	ऽ	श्री	ऽ
	–	ग	ग	ग	म	–	प	सां	(नि)ध	प	म	ग	म	–	ध	ध
	ऽ	स	त्य	ना	रा	ऽ	य	ण	साँ	ऽ	ई	ऽ	रे	ऽ	ते	री
	–	ध	ध	ध	ध	नि	नि	नि	प	पनि	रें	सां	ध	प	म	ग
	ऽ	आ	र	ती	ब	ड़ी	सु	ख	ऽ	दाऽ	यी	ऽ	रे	ऽ	श्री	ऽ
	–	ग	ग	ग	म	–	प	सां	(नि)ध	प	म	ग	म	–	–	–
	ऽ	स	त्य	ना	रा	ऽ	य	ण	साँ	ऽ	ई	ऽ	रे	ऽ	ऽ	ऽ

अंतरा–1

X				0				X				0			
–	म	–ध	नि	सां	–	सां	सां	–	धनि	रें	सां	ध	–	प	म
ऽ	ल	ऽक्ष्मी	प	ति	ऽ	ज	ग	ऽ	स्वाऽ	मी	ऽ	हैं	ऽ	मे	रे
–	म	–ध	नि	सांरें	गं	रें	सां	–	धनि	रें	सां	ध	प	म	म
ऽ	ल	ऽक्ष्मी	प	तिऽ	ऽ	ज	ग	ऽ	स्वाऽ	मी	ऽ	हैं	ऽ	मे	रे
–	ग	ग	ग	म	–	प	सां	–	(नि)धप	म	ग	म	–	म	ग
ऽ	मा	ता	पि	ता	ऽ	अ	रु	ऽ	भाऽ	ई	ऽ	रे	ऽ	श्री	ऽ

संगीतश्रीकृष्णरामायण गीतमाला, पुष्प 763 of 763

भजन : राग दरबारी तीन ताल / कहरवा ताल

जगत माही

स्थायी : जगत माही, हरि के बिना सुख नाही ।
राम भगत के पितु और माई, और न दाता कोई ।।

अंतरा : 1. राम पिता अरु राम ही माता, राम ही है सुखदाई ।
2. राम हमारा एक सहारा, राम! हमें तू त्राहि ।
3. राम नियारा, राम पियारा, राम! हमे पाहि पाही!

स्थायी

	2				0				3				X			
सा	ध़	नि़	सा	रे	रे	मग	मरे	सा	ध़	नि़	-रे	सा	सा	–	सा	–
ज	ग	त	मा	ही	ह	रिऽ	ऽके	बि	ना	ऽ	ऽसु	ख	ना	ऽ	ही	ऽ
	–	–	–	–	–	ध़	नि़रे	रे	रे	रे	सा	रे	–	गग	ग	म
	ऽ	ऽ	ऽ	ऽ	ऽ	रा	ऽम	भ	ग	त	के	ऽ	ऽ	पितु	अ	रु
	रे	–	सा	–	–	म	–म	म	प	म	नि	प	ग	म	रे	सा
	मा	ऽ	ई	ऽ	ऽ	औ	ऽर	न	दा	ऽ	ता	ऽ	को	ऽ	ई	ज
	ध़	नि़	सा	रे	रे	मग	मरे	सा	ध़	नि़	–रे	सा	सा	–	सा	–
	ग	**त**	**मा**	**ही**	ह	रिऽ	ऽके	बि	ना	ऽ	सु	ख	ना	ऽ	ही	ऽ

अंतरा

0				3				X				2			
–	म	–प	प	ध	–	नि	नि	सां	–	सां	सां	रें	नि	सां	–
ऽ	रा	ऽम	पि	ता	ऽ	अ	रु	रा	ऽ	म	ही	मा	ऽ	ता	ऽ
–	नि	–नि	सां	सां	नि	–रें	सां	ध	–	–	–	नि	–	प	–
ऽ	रा	ऽम	ही	है	ऽ	ऽसु	ख	दा	ऽ	ऽ	ऽ	यी	ऽ	ऽ	ऽ
–	म	–म	म	प	म	–नि	प	ग	म	रे	सा	ध़	नि़	सा	रे
ऽ	रा	ऽम	ही	है	ऽ	ऽसु	ख	दा	ऽ	यी	ज	ग	त	मा	ही
रे	मग	मरे	सा	ध़	नि़	–रे	सा	सा	–	सा	–	–	–	–	–
ह	रिऽ	ऽके	बि	ना	ऽ	ऽसु	ख	ना	ऽ	ही	ऽ	ऽ	ऽ	ऽ	ऽ

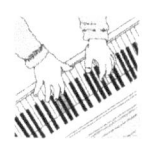

संगीतश्रीकृष्णरामायण गीतमाला, पुष्प 295 of 763

भजन

(योग)

स्थायी

है, नाम इसी का यो...ग, तू, जान इसी को योग ।

♪ सानि़, सा–रे रेग– म– पमगरेसा, रेसा, रे–रे गमग रेसा रे– – – – रे ।

अंतरा–1

तन निर्मल हो, मन निश्चल हो,

दूर हों सुख के भो...ग । है, नाम इसी का योग ।।

♪ सानि़ सा–रेरे ग–, रेग म–गरे सा–,

म–म म पम गरे सा– – सा, रे , रे–रे गपम गरे सा– ।।

अंतरा–2

नर निर्भय हो, दृढ़ निश्चय हो,

संयम का उपयोग । है, नाम इसी का योग ।।

अंतरा–3

स्थल प्रशाँत हो, चित नितांत हो,
सत् जन का संजोग । है, नाम इसी का योग ।।

अंतरा–4

कोई न अपना, न ही पराया,
सम जाने सब लोग । है, नाम इसी का योग ।।

अंतरा–5

पूर्ण अहिंसा, तन मन वच से,
कोह रहे ना सोग । है, नाम इसी का योग ।।

अंतरा–6

फल की कामना, विषय वासना,
ना हों ये सब रोग । है, नाम इसी का योग ।।

संगीतश्रीकृष्णरामायण गीतमाला, पुष्प 297 of 763

भजनम्

(योगः)

स्थायी

विद्धि त्वं, एतद्धि योगम्... । त्वं, जानीहि योगम् ।।
♫ रे–म ग–, प–म–ग– रे–ग– । म–, प–मग– रे–सा– ।।

अंतरा–1

निर्मलतनुषा, निश्चलमनसा ।
विग्रहनिग्रहणम्... । त्वं, जानीहि योगम्... ।।
♫ रे–सासारेरेग–, प–ममगगरे– ।
सा–रेगम–गरेसा– । म–, प–मग– रे–सा– ।।

अंतरा–2

निर्भयभवनं, निश्चयकरणम् ।
सुखबन्धनत्यजनम् । त्वं, जानीहि योगम्... ।।

अंतरा–3

प्रशान्तस्थानं, नितान्तध्यानम् ।
सज्जनसंयोगम् । त्वं, जानीहि योगम्... ।।

अंतरा–4

परजनभजनं, यद्वत् स्वजनम् ।
जनगणपरिचरणम् । त्वं, जानीहि योगम्... ।।

अंतरा–5

न विषयग्रहणं, धनसंग्रहणम् ।
न क्रोधरागमदम् । त्वं, जानीहि योगम्... ।।

www.ingramcontent.com/pod-product-compliance
Lightning Source LLC
Chambersburg PA
CBHW081115080526
44587CB00021B/3604
* 9 7 8 1 8 9 7 4 1 6 0 2 0 *